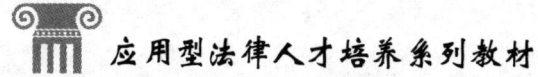

应用型法律人才培养系列教材

JIANYU ZHIFA WENSHU
SHIYONG XIEZUO

监狱执法文书实用写作

杨学武　李文静　编著

中国政法大学出版社

2015·北京

序

　　党的十八大以来，以习近平同志为总书记的党中央从坚持和发展中国特色社会主义全局出发，提出了全面建成小康社会、全面深化改革、全面依法治国、全面从严治党的"四个全面"战略布局。全面依法治国是实现战略目标的基本方式、可靠保障。法治体系和法治国家建设，同样必须要有法治人才作保障。毫无疑问，这一目标的实现对于法治人才的培养提出了更高的要求。长期以来，中国高等法学教育存在着"培养模式相对单一"、"学生实践能力不强"、"应用型、复合型法律职业人才培养不足"等诸问题，法学教育与法律职业化的衔接存在裂隙。如何培养符合社会需求的法学专业毕业生，如何实现法治人才培养与现实需求的充分对接，已经成为高等院校法律专业面临的重要课题。

　　法学教育是法律职业化的基础教育平台，只有树立起应用型法学教育理念才能培养出应用型卓越法律人才。应用型法学教育应是"厚基础、宽口径的通识教育"和"与社会需求对接的高层次的法律职业教育"的统一，也是未来法学教育发展的主要方向。具体而言，要坚持育人为本、德育为先、能力为重、全面发展的人才培养理念，形成培养目标、培养模式和培养过程三位一体的应用型法律人才培养思路。应用型法律人才培养的基本目标应当是具备扎实的法学理论功底、丰厚的人文知识底蕴、独特的法律专业思维和法治精神、严密的逻辑分析能力和语言表达能力、崇高的法律职业伦理精神品质。

　　实现应用型法律人才培养，必须针对法律人才培养的理念、模式、过程、课程、教材、教法等方面进行全方位的改革。其中教材改革是诸多改革要素中的一个重要方面。高水平的适应应用型法律人才培养需求的法学教材，特别是"理论与实际紧密结合，科学性、权威性强的案例教材"，是法学教师与法科学生的知识纽带，是法学专业知识和法律技能的载体，是培养合格的应用型法律人才的重要支撑。

　　本系列应用型法律人才培养教材以法治人才培养机制创新为愿景，以合格应用型法律人才培养为基本目标，以传授和掌握法律职业伦理、法律专业知识、法律实务技能和运用法律解决实际问题能力为基本要求。在教材选题上，以应用型法律人才培养课程体系为依托，关注了法律职业的社会需求；在教材主（参）编人员结构上，体现了高等法律院校与法律实务部门的合作；在教材内容编排上，设置了章节重难点介绍、基本案例、基本法律文件、基础法律知识、分析评论性思考题、拓展案例、拓展性阅读文献等。

希冀本系列应用型法律人才培养教材的出版，能对培养、造就熟悉和坚持中国特色社会主义法治体系的法治人才及后备力量起到绵薄推动作用。

是为序。

李玉福

2015 年 9 月 3 日

前　言

　　近年来，随着我国监狱系统法制化、规范化建设的深入开展，监狱执法文书作为监狱工作的重要载体，在规范化建设中发挥着前所未有的作用。为了维护法律的尊严和罪犯的合法权益，监狱干警必须严格依据有关的法律法规制作监狱执法文书，做到格式正确、说理充分，程序公开、公正。

　　"监狱执法文书实用写作"是一门以监狱执法文书的使用和制作为对象，反映监狱人民警察执法、教育、管理水平和技能的实用性写作课程。本课程注重培养学生的实际操作能力，把理论教学与监狱一线工作相结合，提高课程的实用性。

　　本书共分为十章，第一章是监狱执法文书概述，属于总论部分；第二章至第十章主要涉及具体监狱执法文书的使用、制作，是分论部分，包括：新犯收监类执法文书，处理罪犯申诉、控告、检举类执法文书，对罪犯实施行政奖惩类执法文书，罪犯减刑（假释）类执法文书，罪犯暂予监外执行类执法文书等几大类。编者以罪犯从入监到释放这一过程串联起所有监狱执法文书的使用、制作，这种安排突破了其他教材的传统框架。本书每章内容主要包括具体监狱执法文书的使用与制作："使用"是对某类监狱执法文书工作规程的介绍，使学生直观掌握该监狱执法文书的使用情境，为使文书制作得更加准确、规范打下基础。"制作"是每章内容的重点环节，为了锻炼学生的文书写作能力，本书提供了某些重要监狱执法文书的案例素材，促使学生在实训练习中切实提高制作规范监狱执法文书的水平。本书内容的设计决定了实践教学中教学方法的运用，主要包括：讲授法、实训法、指导法等。教师对学生制作文书的指导评析尤其重要，通过"病文诊断"，使学生对文书的使用与制作更加熟悉。总之，在授课过程中，只有把"精讲—多练—评析"紧密结合，灵活运用，才能使学生达到"学得懂、写得准、用得熟"的目的。

　　本书由杨学武负责收集资料、主持制定本书的框架结构，具体内容的编写主要由山东政法学院李文静老师负责。山东省新康监狱的王伟科长对本书的编写提出了许多宝贵意见和建议。希望本书的编写能够推动监狱学专业教学水平的提

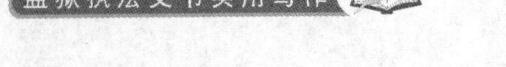

高。尽管在编写过程中我们付出了很大的努力，但缺点、疏漏之处难以避免，恳请读者批评指正。

编　者

2015 年 7 月

目录 CONTENTS

第一章 监狱执法文书概述

本章导读

　　监狱是国家惩罚和改造罪犯的场所，在大力提倡人权保护的今天，监狱执法更要注重保护在监狱内服刑罪犯的人权，监狱执法文书则是对这一切的一个程序保障。监狱的各类执法文书是监狱警察执法行为的文字记录，只有规范地使用这个工具才能保证警察执法到位，其执法行为才能经得起检验。因此，学习监狱执法文书写作的基本理论，掌握常见的监狱执法文书的写作方法，是未来监狱人民警察必修的一课，客观上也有助于推进我国监狱系统法制化、规范化建设的深入开展。本章着重阐述了监狱执法文书的概念、特征，监狱执法文书的分类以及监狱执法文书的地位和作用；详细介绍了监狱执法文书的制作要求，包括总体要求和具体要求。

第一节 监狱执法文书的概念、特征

一、监狱执法文书的概念

　　所谓监狱执法文书，是指监狱依法行使国家职权，在对罪犯执行刑罚、实施管理和教育改造等各项活动中，依法制作和使用的具有法律效力或法律意义的专用法律文书。

二、监狱执法文书的特征

　　（一）监狱执法文书制作和使用的主体是监狱机关，具体的制作和使用者是监狱人民警察

　　监狱是国家的刑罚执行机关。依照刑法和刑事诉讼法的规定，被判处死刑缓期2年执行、无期徒刑、有期徒刑的罪犯，在监狱内执行刑罚。因此，在对罪犯执行刑罚过程中所使用的公务文书只能由具有行刑权的监狱机关制作。然而，监狱又是一个抽象主体，监狱对罪犯的刑罚执行、实施管理和教育的各项活动都是由监狱人民警察去具体实施的。因此，在对罪犯执行刑罚过程中所使用的各种公

务文书实际上是由监狱人民警察代表监狱机关制作的。从这个意义上看，监狱人民警察制作法律文书不是一种个人行为，而是代表监狱机关在依法行使职权。因此，监狱人民警察应当严格依照有关法律的规定制作执法文书，以确保法律的正确实施。

（二）监狱执法文书的内容限于对罪犯执行刑罚、实施管理和教育改造的特定范围

根据有关法律规定，监狱的执法管理工作主要包括对罪犯刑罚执行的相关刑务处理、狱政管理、安全防范、教育改造、劳动管理、生活卫生管理等内容。监狱执法文书就是在上述执法管理活动实施的过程中由监狱人民警察所制作和使用的。因此，监狱执法文书具有符合监狱自身性质和特点所规定的特定内容和范围。

（三）监狱执法文书有的具有法律效力，有的对执法活动起到辅助和补充的作用

监狱人民警察对罪犯执行刑罚、实施管理和教育改造是由法律的强制力来保证实施的。因此，大部分监狱执法文书都具有一定的法律效力，也就是说这部分法律文书一旦完成了审批程序，则具有法律效力，并由国家强制力来保证实施。例如《罪犯禁闭审批表》、《使用戒具审批表》、《监狱起诉意见书》等法律文书都具有相应的法律效力。然而，还有一类监狱执法文书，主要是在教育改造、劳动管理、生活卫生管理中记载执法管理过程情况的相关文书，这些文书虽然不具有法律效力，但对执法管理起到辅助和补充作用。例如狱内侦查中所制作的笔录、对罪犯进行个别谈话时所作的记录等文书就属于这一类文书。

（四）监狱执法文书具有特定的格式

凡是文书都具有一定的格式。监狱执法文书作为文书的一个种类也具有特定的格式。监狱执法文书的格式在工作实践中形成，在使用过程中不断完善，最后由上级有关机关发布文书样式。

2002 年 5 月，我国司法部监狱管理局根据有关法律规定，结合我国监狱的实际情况，制订印发了《监狱执法文书格式（试行）》共 48 种。2011 年 ~ 2013 年期间，随着《刑法修正案（八）》的颁布实施以及《刑事诉讼法》和《监狱法》的修订，原有某些监狱执法文书的格式已不再适应执法实践的需要，目前，司法部监狱管理局正在酝酿制定新的监狱执法文书格式，全国各省、自治区、直辖市监狱管理局也会很快根据有关法规和本地区的实际情况完成地方性监狱执法文书的调整和更新，供本地区的监狱统一使用，确保法律的正确实施。

第二节　监狱执法文书的分类

　　监狱执法文书可以按照不同标准进行分类。一般根据监狱执法文书的内容和形式分成两大类。

　　一、按监狱执法文书的内容分类

　　按监狱执法文书的内容进行分类是指按照文书所涉及的执法管理工作的性质和内容进行分类。一般分为以下五类：

　　（一）刑罚执行类文书

　　例如新犯收监类文书、罪犯暂予监外执行类文书、罪犯减刑假释类文书、罪犯刑满释放类文书都属于刑罚执行类文书。

　　（二）狱政管理类文书

　　例如罪犯考核类文书，对罪犯行政奖惩类文书，罪犯病危、死亡处理类文书等都属于狱政管理类文书。

　　（三）狱内侦查类文书

　　例如罪犯耳目管理类文书、狱内案件侦查起诉类文书都属于狱内侦查类文书。

　　（四）教育改造类文书

　　例如罪犯年终评审评比类文书、对罪犯进行个别教育、集体教育的文书都属于教育改造类文书。

　　（五）其他监狱执法文书

　　二、按监狱执法文书的形式分类

　　按监狱执法文书的形式进行分类是指按照文书的不同样式进行分类。一般可以分为以下四类：

　　（一）表格式文书

　　表格式文书是指文书的要素内容以表格形式设计并加以固定的文书。制作时只要按表格内容进行填写。例如《罪犯入监登记表》、《离监探亲审批表》等都属于表格式文书。

　　（二）填充式文书

　　填充式文书是指将供选择的项目在文书内留出空白，在制作过程中，按要求在空格内填写相关内容的文书。例如《罪犯入监通知书》、《罪犯奖励通知书》、《释放证明书》等都属于填充式文书。

（三）拟制式文书

拟制式文书是指文书设计好一定的样式，制作者用文字组织成文章写入文书相关部分的一种文书。例如《提请减刑（假释）建议书》、《监狱起诉意见书》等都属于拟制式文书。

（四）笔录式文书

笔录式文书是指监狱机关在案件侦查过程中对有关人员进行询问、讯问以及对犯罪现场进行勘查时所作的记录。例如《讯问笔录》、《询问笔录》、《现场勘查笔录》等文书都属于笔录式文书。

第三节　监狱执法文书的地位和作用

监狱执法文书作为国家司法公文体系中的一个有机组成部分在我国司法公文体系中具有独特的重要地位。我国的司法公文体系由公安机关在案件侦查期间所制作的法律文书、检察机关在案件起诉阶段所制作的法律文书、人民法院在案件审判期间所制作的法律文书以及监狱机关在刑罚执行期间所制作的法律文书组成。这四类法律文书组成了国家司法公文的一个完整体系，它们之间相辅相成、缺一不可。由此可见，监狱法律文书在国家司法公文体系中具有不可或缺的特殊的重要地位，在对罪犯执行刑罚的过程中也具有十分重要的作用。

一、监狱执法文书是监狱机关对罪犯执行刑罚、实施管理和教育改造的重要载体

监狱机关对罪犯执行刑罚、实施管理和进行教育改造需要一定载体才能付诸实施。监狱执法文书就是其中的载体之一。例如，要对一名有立功表现的罪犯进行行政奖励，就必须填写《罪犯奖励审批表》，经过逐级审批后，对罪犯的行政奖励才能最终实现。再如，要对一名严重违反监规纪律的罪犯实施禁闭，也只有填写《罪犯禁闭审批表》报有关部门和监狱领导批准后才能最终将罪犯关押禁闭。由此可见，监狱执法文书这个载体对确保监狱执法管理活动的正常有序进行具有十分重要的作用。离开了监狱执法文书这一载体，监狱执法管理活动将陷入无序的混乱的状态。

二、监狱执法文书具有记录和凭证的作用

监狱执法文书的记录作用主要体现在两个方面：一是监狱执法文书记载了监狱人民警察的执法过程。监狱执法文书制作的质量从一个侧面反映监狱人民警察的执法管理水平,也是上级领导机关检查监狱执法管理情况的重要依据。二是监狱执法文书记载了罪犯服刑改造的全面过程,可以反映罪犯改造质量动态变化的轨迹,是检验罪犯改造质量的重要依据。因此,监狱执法文书作为监狱执行刑罚和罪犯改造过程的实际记录,具有历史档案的保存价值。

监狱执法文书在监狱执法管理活动中还起到凭据和证明的作用。例如,罪犯被批准离监探亲时,监狱出具《罪犯离监探亲证明书》,是罪犯在离监探亲期间证明自己身份,到当地公安机关报到的凭证。又如《假释证明书》、《释放证明书》都具有证明被假释人、被释放人的身份和到当地公安机关落实户籍关系时所出示的凭证作用。

三、监狱执法文书是监狱机关和公安机关、检察机关、人民法院、其他司法行政机关联系的纽带

监狱机关的执法活动不可能孤立进行,必然要和相关的公安机关、检察机关、人民法院和其他司法行政机关相互联系、互相配合、互为监督,而这一切需要通过监狱执法文书才能得以实现。例如《罪犯不予收监通知书》、《罪犯暂不收监通知书》、《提请减刑(假释)建议书》、《暂予监外执行通知书》、《对罪犯刑事判决提请处理意见书》、《监狱起诉意见书》、《刑满释放人员通知书》等监狱执法文书都是监狱在进行相关执法活动时为向有关机关宣示和知照而制作和使用的,这些法律文书起到了与相关机关联系的纽带作用。

 第四节 监狱执法文书的写作要求

一、文书的主旨

文书的主旨是指制作文书的目的和意图。例如制作《提请罪犯减刑建议书》的目的就是表达了监狱提请人民法院对符合法定条件的罪犯予以减刑的意图。文书的主旨在文书中处于核心地位,起到了统领文书的作用。在确立文书的主旨时要注意以下两点:

(一)文书的主旨要正确

文书的主旨不能凭空产生,必须先有产生文书主旨的客观事实,而且这一客观事实必须符合相关法律规定。例如,要产生提请人民法院给予罪犯减刑的主旨,首先该罪犯必须具有符合减刑条件的悔改表现、立功表现或重大立功表现的事实,而且该事实必须达到法律相关规定的要求。由此可见,文书主旨的产生必

须以事实为依据，以法律为准绳。否则制作的文书将有可能是违法的。

（二）文书的主旨要鲜明

主旨鲜明是指文书主张的目的要一清二楚，态度鲜明。一般文书的标题就反映了该文书的主旨，此外，文书制作者对该主张所表明的态度一般在审批意见栏里表达。因此，在签署审批意见时一定要态度鲜明，绝不能模棱两可。

此外，监狱执法文书的主旨还具单一性的特点，一种监狱执法文书只能表达一个行文意图，这也是要特别加以注意的。

二、文书的材料

文书的材料是指表达文书主旨的文字内容的总和。文书的主旨要依靠与之相关的材料加以证明，否则文书所要主张的目的和意图就无法实现，从这个意义上说，材料是文书的基础。在选择材料时应当注意以下两点：

（一）选择的材料必须真实

材料的真实是监狱执法文书的生命。监狱执法文书的主旨必须建立在真实材料的基础上，虚假的材料只会产生违法的主旨，最终导致徇私舞弊和执法的腐败。所谓材料的真实，是指选择的材料必须确有其事，客观准确。一是文书中所涉及的人物，事件发生的时间、地点、经过、结果和原因动机都必须真实可靠。二是文书中所列举的数据必须准确无误。三是对事实的分析必须客观公正，所得出的结论应当实事求是。

（二）选择的材料必须典型

典型的材料是指表达文书主旨的最具代表性的材料。在制作文书的过程中，会收集到许多材料，但并不是所有的材料都能适用，必须对收集的材料进行精心挑选。首先剔除那些与主旨无关的材料。然后再从中挑选那些最能表达主旨的具有代表性的材料。因为只有选择典型的材料，才能使文书的主旨具有较强的说服力，才能最终实现文书所要表达的目的和意图。

三、文书的结构

文书的结构是指文书的内容构造，也就是文书的样式。文书的结构是文书的基本框架，没有这个框架，文书的材料就无法组织，最终文书的主旨也就无法表达。因此，文书的结构在文书中同样具有基础性地位。

监狱执法文书的结构一般是固定的。其基本样式包括表格式、填写式、拟制式和笔录式等四种。同时这四种文书样式的内部结构要素也是相对定型的，结构的基本要素主要由以下三部分组成：

（一）首部

首部主要包括文书的制作机关、文书的标题、发文字号、罪犯的基本情况等内容。

（二）正文

正文是文书的核心部分。一般由两部分组成：一是事实依据和法律依据。主要阐述文书主旨的事实理由和法律依据。二是处理意见和结论。也就是在阐述事实和理由的基础上，鲜明地表达文书制作者的处理建议或提出结论性意见。

（三）尾部

尾部主要交代相关事项。包括致送机关、签署、成文日期、用印、附项等内容。

四、文书的语言

文书的材料只有通过恰当语言的表述才能呈现出来。从这个意义上说，语言又是文书材料的基础。因此，要写好监狱执法文书，必须在语言表达上下功夫。监狱执法文书的语言要注意以下两点：

（一）文书的语言要准确

文书语言的准确是指在制作文书时所使用的语言必须准确表达事物的本质。用词恰当，表达的内容完全符合事实的原貌和制作者的真实意图。这就要求在制作法律文书时对文字的表达必须字斟句酌，反复推敲。

（二）文书的语言要简炼

监狱执法文书作为一种特殊的应用文，其语言与诗歌、小说等文体是截然不同的。监狱执法文书的语言不需要文学的描写，也不需要学术的探究，它的语言风格是简洁和质朴的，会经常使用一些法定词语、专业词语和惯用句式。

五、文书的表达方式

写作学中的表达方式一般有叙述、议论、说明、抒情、描写五种。表达方式的选择与文体关系密切，如在文学作品中抒情、描写运用的比较多。但监狱执法文书作为司法公文的一种特殊文体，其自身的特点决定了它用得最多的表达方式是叙述。

叙述是指用客观的语言将事情的发生、发展和结果的全过程如实记载下来的一种写作方法。掌握叙述的表达方式对写好监狱执法文书具有十分重要的作用。在具体应用叙述这种表达方式时要注意以下几点：

（一）正确使用叙述的人称

监狱执法文书最常用的人称是第三人称，其次是第一人称，第二人称较少使用。

（二）叙述的要素要齐全

监狱执法文书对事实的叙述都有相对固定的基本要素，主要包括事情发生的

时间、地点、人物，事情发生的起因、发展（情节、手段）、结果等。由于这些要素在处理相关执法事务中具有一定的法律意义，因此，在制作文书叙述相关事实时特别要注意要素是否齐全。

（三）叙述的方法要恰当

正确使用叙述方法能使监狱执法文书层次清晰、条理分明。监狱执法文书常用的叙述方法主要有：自然顺叙法、突出主罪法、突出主犯法、综合归纳法、先总后分法、先分后总法、总分总法等。在具体使用时，应当根据监狱执法文书的具体内容可以单独使用一种叙述方式，也可以多种叙述方式综合使用。

在监狱执法文书的表达方式中，虽然议论、说明应用的不是最多，但它们的作用同样不可忽视。议论亦即"说理"，是制作者通过事实材料及逻辑推理来明辨是非、阐发道理、表明见解和主张的一种表达方式。监狱执法文书的议论是法律的具体运用。尤其体现在《提请减刑（假释）建议书》的制作过程中，通过议论，对犯人的改造表现进行法律的分析评判。因为由事实不能直接导出结论，在事实和结论之间必须有一道桥梁，这便是议论说理。

说明是对事物形状、性质、特征、成因、功用，或有关人员的经历、特点，以及事理的概念、意义等的解释和介绍。制作监狱执法文书，说明是极重要的表达方式。比如笔录类文书中的现场勘查笔录，要借助说明来介绍地理位置、现场遗留物等；填充类文书诸多项目要运用简洁的说明文字。

第五节　监狱执法文书基本栏目的填写要求

根据国家机关公文格式和监狱工作实际要求，为准确理解监狱执法文书的内容，统一、严肃、规范文书的制作和使用，监狱执行文书基本栏目的填写要求分为两部分。

一、总体要求

1. 刑罚执行文书除另有规定外，应由监狱人民警察填写、制作、保管和使用。

2. 文书使用微机打印时，要用黑色墨；文书手写时要工整、整洁，一律使用钢笔（用碳素或蓝黑墨水）、黑色中性笔；同一份文书的书写用色应一致，不得出现混用现象。

3. 不允许任意编拟、随意改变文书的名称和项目。

4. 书写的内容不要超出栏目两边，装订线以外不得写字。

5. 内容填写要客观、准确、真实，符合法律文书要求，不允许有涂抹现象。特殊情况需加盖监狱校对章或由责任警察签字。

6. 各类表格中无内容或不填写的栏目写"无"，不留空白。有选择项的用"/"划掉不选项。

二、具体要求

（一）姓名栏

姓名是监狱执法文书的一个重要栏目。在填写时要注意以下四点：一是罪犯收监时，要将人民法院判决书中的姓名与其本人核对。二是填写姓名时字迹要清楚端正，不能潦草涂改。要注意同音字和形近字的区分。三是写字要规范，不能随意简化，不要写错别字。四是对少数民族或外国籍罪犯，应正确填写汉语译名的姓名，必要时在其汉语译名的后面注明其本民族或本国文字的姓名。

（二）别名栏

别名是指常用名、代名、笔名、乳名、绰号、艺名等。别名不是每一个罪犯都有的，对于常用的或与犯罪有关的要填写，这对掌握罪犯基本情况有一定的作用。

（三）出生年月栏或年龄栏

罪犯的出生年月以公历为准，精确到年月日，一般以人民法院判决书所记载的出生年月为准；填写"年龄"栏时，也要按照人民法院判决书上的出生日期计算。

（四）文化程度栏

文化程度以国家承认的最高学历为准。可分为研究生（博士、硕士）、大学、大专、高中（中专）、初中、小学、文盲等七档次。若罪犯通过自学达到一定的文化水平，可在该栏目中填写"相当于××文化"；若罪犯未完成相关学历的学习，可填写"××肄业"。

（五）籍贯栏

籍贯是指罪犯的"原籍"、"祖居"。在填写时要与出生地、现住址加以区分。这三者有可能是相同的，有可能是其中二项相同，也有可能三项都不相同。在罪犯收监时应对其籍贯、出生地和现住址进行详细了解，分别填入相关栏目。对外国籍罪犯，国籍填在"籍贯（国籍）"栏。

（六）婚姻状况栏

婚姻状况一般分为未婚、已婚、离异、丧偶四种情形。在罪犯收监时应了解罪犯的实际婚姻状况，并填入相关栏目。服刑期间其婚姻状况有变化的要及时更

新登记。

（七）家庭地址栏

指罪犯所在地或经常居住地，在填写时一般以判决书所列的家庭地址为准，不能简写和缩写。居住地为农村的应填写到县、乡、村、组。居住地为城镇的应填写到市、县（区）、镇、路（街道）、门牌号码；居住在小区的则应写明"××小区××幢××单元××室"。

（八）口音栏

该栏目填写以罪犯的基本口音和习惯口音为准。如果发现会使用其他方言时，也应将相关情况如实填写。

（九）健康状况栏

罪犯收监时的健康状况以收监体检结论为准，如发现有生理、精神疾病或缺陷的，应如实填写。在服刑期间健康状况发生变化的，也应及时填写。

（十）职业栏

职业栏主要反映罪犯在被捕前所从事的具体工作的状况。填写时以人民法院判决书所载明的职业状况为准。

（十一）工作单位栏

工作单位是指罪犯被捕前所在工作单位的名称和地址。填写时以人民法院判决书所载明的工作单位为准，要详细、规范，不能简称或缩写。

（十二）本人简历栏

在罪犯收监时要详细了解罪犯的简历，从上小学或7岁开始按时间先后顺序填写，一直写到逮捕、服刑为止，要准确反映罪犯的学习、生活、工作情况等主要经历，包括所受到的重要奖励或惩罚情况，如治安处罚、拘留和劳动教养处分等，简历不能中断，要保持连贯性。

（十三）罪名栏

填写罪名栏时以人民法院判决书所列罪名为准。要填写法定罪名，如有数罪并罚的，应按判决书所列罪名的先后顺序分别填写，不能将几个罪名连起来写成一个罪名，也不能将罪名的先后次序颠倒。

（十四）刑种栏

按人民法院判决书所列刑种填写。在服刑期间，由于减刑或加刑等情况致使罪犯原判刑种发生变更的，可将原判刑种和现有刑种分别填写。

（十五）刑期栏

刑期填写要与判决书一致。在填写时，要用汉字小写，不能只写数字而不写年和月，也不能随意简写。罪犯在服刑期间如有减刑或加刑致使刑期发生变更的，则应将原判刑期和现有刑期分别填写。

（十六）刑期起止栏

刑期起止以人民法院的判决书（裁定书）或执行通知书为准。如在服刑期间由于减刑或加刑致使刑期起止日期发生变更的，以人民法院减刑裁定书或刑事判决书所确定的新的刑期起止日期为准。

（十七）发文字号

由机关代字、文种代字、年份和序号组成。年份要用全称，不应简化，如"［2010］"不能写成"［10］"。序号是流水号。序号不编虚位（即1不编为001）。

（十八）骑缝章文号

以"发文字号"的填写规定为准，但年份、序号必须用汉字大写。如"鲁×狱入通字［贰零零伍］壹号"。

（十九）时间栏填写

"出生日期"、"填发日期"、"填发时间"、"收押时间"、"入监时间"、"出监时间"、"刑期起止"、"拘留日期"、"逮捕日期"、"判决日期"等填写时间的部位，以填写阿拉伯数字加年月日为准。成文日期、发文日期必须用汉字小写，如"二〇〇五年八月八日"。

（二十）原判法院

以发生法律效力的判决或裁定机关为准。

（二十一）填发人、填表人

为填写该表的警察姓名。

（二十二）审核人

为填写负责审核该项文书的科室（监区）领导或监狱领导的姓名（或签名）。

（二十三）印章的使用

制作的监狱执法文书对外送达上级机关或其他司法机关时要用监狱公章，对内根据栏目要求用各自部门印章。使用印章时应将章端端正正地加盖在成文日期"年、月、日"的上面，俗称为"骑年盖月"。一纸两联或一纸多联的执法文书，在每联的中间虚线连接处加盖公章，又称"骑缝章"。

（二十四）填报单位（关押单位或关押地点）

根据行文方向，当监狱执法文书是对外行文时，应填写监狱全称，如"××监狱"；当对内行文时，可直接填写制表部门，如"二监区"、"二监区一分监区"。

（二十五）编号填写

罪犯编号按照司法部监狱管理局《狱政信息管理系统》规定的编号方法填写。

（二十六）原政治面貌

指捕前曾参加的政治组织或党派。

（二十七）职务

填写捕前所在工作单位的职务。

（二十八）主要犯罪事实（犯罪事实或主要罪行）

查阅判决书后认真填写。应包括犯罪人、时间、地点、手段、情节、结果等，填写要简明，具体。

（二十九）刑种及刑期变动情况

需填罪犯历次加、减刑等变动情况，并注明变动的日期、幅度和刑期截止日期。

（三十）改造表现

要填写某段时间内，罪犯的思想改造、遵守监规、劳动改造、三课学习及所获的行政、刑事奖励及处罚情况。

（三十一）分监区意见

要根据审批的内容，着重填写审批依据的法律规定、客观事实和建议事项，并由分监区长或负责此项工作的分监区领导签名，不准盖个人印章。对于不设分监区的，此栏填写"无分监区"。

（三十二）监区意见

重在对分监区所报材料是否属实进行审查，并提出意见。独立分监区此栏不填写。监区长或分管负责人签名，并盖监区公章。

（三十三）科室意见

重在填写对监区、分监区呈报意见和建议依据的事实、适用的法律法规进行审核，同时提出意见。由科长或分管副科长签名并盖科室公章。

（三十四）监狱意见

根据监区意见和科室意见，同意的要写明同意的事项，有时限要求的写明批准时限。不同意的应写清理由。审批领导签名，加盖监狱公章，不得用印章代替签名。

（三十五）法律条文的援引

制作监狱执法文书需要引用法律条文时必须写明该法律的全称，不能使用简称。同时引用法律条文要具体，法律条文中有条、款、项的，要引用到条、款、项；法律条文中有条、款而没有项的，则引用到条、款；法律条文只有条而没有款、项的，则引用到条；不能引用宪法、内部规定、政策性文件或会议文件精神。

（三十六）数字和计量单位的使用

按照《国家行政机关公文处理办法》的规定，在监狱执法文书中，除发文字号、统计表、计划表、序号、专用术语或其他必须使用阿拉伯数字的以外，一般都用汉语书写数字。在制作监狱执法文书时需要使用计量单位的则应使用法定计量单位，如"米"、"千克（公斤）"、"千米（公里）"等。

思考题

1. 什么是监狱执法文书？其特征是什么？
2. 监狱执法文书的分类有哪些？
3. 如何理解监狱执法文书的主旨？
4. 监狱执法文书的表达方式有哪几种？应如何应用？
5. 监狱执法文书语言的要求有哪些？

思考提示

本章是关于监狱执法文书写作的基础理论知识，与后续具体监狱执法文书的使用、制作相比具有抽象性、概括性的特点，但也是学习分论部分的前提和基础。监狱执法文书的写作要求是本章的重点和难点，包括文书的主旨、材料、结构、语言和文书的表达方式，对"写作要求"系统、深刻的把握是总论的主要学习任务。

第二章　新犯收监类执法文书

本章导读

　　监狱惩罚和改造功能的依法实施始于罪犯的入监。按照监狱对罪犯的收监流程,新犯收监类执法文书主要包括《罪犯不予收监通知书》、《罪犯收监身体检查表》、《罪犯暂不收监通知书》、《罪犯物品保管收据》、《罪犯入监登记表》和《罪犯入监通知书》。罪犯入监的每一个环节,都涉及具体执法文书的制作和使用。监狱警察作为文书的制作者不仅要了解新犯入监的法律依据和工作规程,还应对各种入监执法文书的使用情境、制作方法谙熟于心,制作时只有认真规范、一丝不苟,才能确保法律的实施和新犯收监工作的顺利开展。

第一节　新犯收监工作规程

一、适用范围及法律依据

　　收监是指监狱依照有关法律规定,将人民法院交付执行的被判处死刑缓期2年执行、无期徒刑、有期徒刑的罪犯收入监狱进行关押改造的执法工作。

　　收监标志着监狱对罪犯执行刑罚的开始,是一项十分严肃的执法工作。监狱应当严格按照我国《刑事诉讼法》第253、254条和《监狱法》第16、17、18条和第20条的有关规定,认真做好新犯的收监工作。

二、新犯收监工作规程示意图

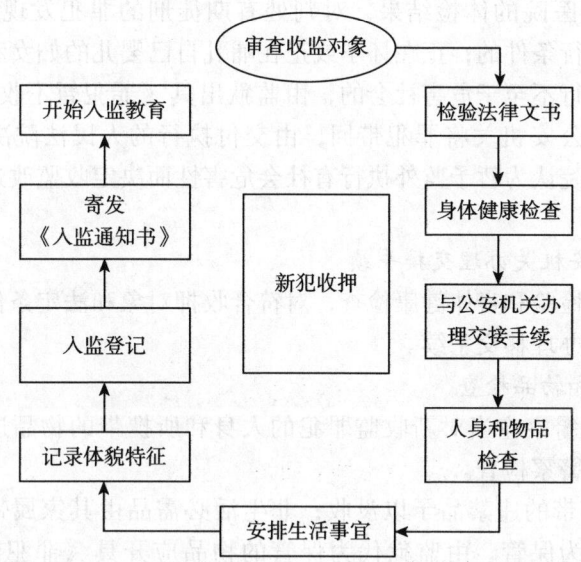

审查收监对象 → 检验法律文书

开始入监教育 ← 寄发《入监通知书》 ← 入监登记 ← 记录体貌特征

检验法律文书 → 身体健康检查 → 与公安机关办理交接手续 → 人身和物品检查

新犯收押

安排生活事宜

三、新犯收监工作规程操作要点

（一）审查收监对象

1. 监狱收监的必须是被人民法院判处死刑缓期 2 年执行、无期徒刑、有期徒刑的罪犯。

2. 罪犯在交付执行刑罚前，剩余刑期在 3 个月以下的，由看守所代为执行。

3. 成年女犯由女犯监狱收监关押。

4. 未成年犯由未成年犯管教所收监关押。

（二）审查法律文书

1. 审查法律文书是否齐全。交付执行的人民法院应当向监狱提交人民检察院起诉书副本、人民法院的判决书、执行通知书和结案登记表。

2. 审查法律文书是否发生法律效力。

3. 审查法律文书记载是否有误。重点检查法律文书所记载的罪犯姓名、年龄、案由、刑罚种类、刑期、刑期的起止日期记载是否准确。

4. 对法律文书不齐全或记载有误的不予收监。监狱应当开具《罪犯不予收监通知书》交于送押的公安机关并将罪犯带回。待人民法院补齐或者更正上述法律文书后重新办理收监手续。

（三）身体健康检查

1. 对新收罪犯的身体健康检查，应当由监狱人民警察中的医务人员进行，并在体检表上详细记录检查结果。

2. 依据监狱医院的体检结果，对判处有期徒刑的罪犯发现身患严重疾病，符合暂予监外执行条件的；正在怀孕或正在哺乳自己婴儿的妇女和生活不能自理适用暂予监外执行不至于危害社会的，由监狱出具《罪犯暂不收监通知书》，交由或通知送押的公安机关将罪犯带回，由交付执行的人民法院决定暂予监外执行。如果人民法院认为暂予监外执行有社会危害性而决定收监改造的，监狱应当依法收监。

（四）与公安机关办理交接手续

经法律文书检验和身体健康检查，对符合收押对象和法定条件的罪犯，监狱应当与公安机关办理移交手续。

（五）人身和物品检查

1. 监狱人民警察应当对新收监罪犯的人身和所携带的物品进行检查。女犯由女性监狱人民警察检查。

2. 对罪犯携带的违禁品予以没收；非生活必需品由其家属带回，家属无法带回的由监狱代为保管。由监狱代为保管的物品应开具《罪犯物品保管收据》一式三联，正本由罪犯保管，副本由罪犯所在监区或分监区保管，存根由监狱狱政管理部门保存。罪犯可在有正当用途或者释放时凭物品保管收据领回。

（六）安排相关生活事宜

1. 及时安排洗澡、理发，按标准发放囚服及其他生活用品。

2. 安排合适的监舍及铺位。

3. 及时发给《服刑人员须知》，告知罪犯在服刑期间可以享受的合法权利和应当履行的法定义务。

（七）记录体貌特征

1. 新犯收监5日内，由狱内侦查部门（或入监分监区）对新犯拍照（正、侧面身高照片各一张），制作手（指）纹和音像资料，填写罪犯体貌特征卡。

2. 将以上资料归入罪犯档案，并由专人管理。

（八）入监登记

1. 入监分监区应当在新犯收押5日内对罪犯进行详细询问和登记并制作《罪犯入监登记表》。

2. 对新收监的重要罪犯，监狱应当另行制作《重要罪犯登记表》。重要罪犯的标准按照司法部监狱管理局有关规定界定。

3.《重要罪犯登记表》应于重要罪犯收监后3日内填写完成，并附人民法院判决书复印件报省、自治区、直辖市监狱管理局备案。

4. 省、自治区、直辖市监狱管理局在接到监狱上报的重要罪犯材料后，应上报司法部监狱管理局。重要罪犯被加刑或减刑、假释、刑满释放等情况也应随时报告。

5. 监狱应当将新收监罪犯的信息及时输入计算机，并在一个月内通过软盘上报省监狱管理局。

（九）寄发罪犯收监通知书

1. 监狱狱政管理部门应当在罪犯收监之日起 5 日内向罪犯家属（含港、澳、台罪犯家属）寄出《罪犯入监通知书》。

2. 外国籍罪犯收监后，监狱应当及时通知该罪犯所属国驻我国的使、领馆。

第二节 罪犯不予收监通知书

一、《罪犯不予收监通知书》的概念

该文书是监狱在对罪犯进行收监时，依法对交付执行的机关送交的法律文书进行审查，发现法律文书不齐全或与罪犯本人身份不符，或记载有误而作出不予收监决定后，通知原判人民法院和负责送交罪犯公安机关时制作的执法文书。

二、《罪犯不予收监通知书》填写说明

1. 该通知书属于填写式文书，一纸三联，第一联送达原判人民法院，第二联送达交付执行的公安机关，第三联由监狱留存，前两个正联当场由交付执行的公安机关连同罪犯带回。

2. "不予收监"的理由：必须符合我国《刑事诉讼法》第 253 条和《监狱法》第 16 条规定的其中之一，事项表述要具体、准确。三联中不予收监的理由必须一致。

3. "公安机关"填送押公安机关。"人民法院"填原判决法院。"送押机关"指现送押单位。"送押人"指现送押单位警察。

4. 三联中填写时间应一致，注意对不选项用"/"划掉。

5. 该文书缺"刑种栏"，填写时可填到刑期栏，但概念上一定要加以区别。

三、《罪犯不予收监通知书》样表

罪犯不予收监通知书 （存根） 鲁×狱不收字〔2014〕2 号 姓名 李四 性别 男 出生日期1978 年 11 月 19 日 罪名 受贿罪 刑期 有期徒刑 15 年 原判法院 ××人民法院 送押机关 ××公安局 不予收监的理由：缺少人民法院的执行通知书、结案登记表。 ———————— 填发日期：2014 年 8 月×日 填发人：××× 送押人：××× 通知书已送达： ××公安局 ××人民法院	**罪犯不予收监通知书** 鲁×狱不收字〔2014〕2 号 ××公安局： 　你局送押罪犯李四，性别男，出生日期1978 年11月19 日，罪名受贿罪，刑期有期徒刑 15 年。经检查，由于缺少人民法院的执行通知书、结案登记表 ———————— ————————， 根据《中华人民共和国刑事诉讼法》第 253 条和《中华人民共和国监狱法》第 16 条规定，决定不予收监。 　特此通知。 （公章） 二〇一四年八月×日	**罪犯不予收监通知书** 鲁×狱不收字〔2014〕2 号 ××人民法院： 　你院判决罪犯李四，性别男，出生日期1978 年11月19 日，罪名受贿罪，刑期有期徒刑 15 年。经检查，由于缺少人民法院的执行通知书、结案登记表 ———————— ————————， 根据《中华人民共和国刑事诉讼法》第 253 条和《中华人民共和国监狱法》第 16 条规定，决定不予收监。 　特此通知。 （公章） 二〇一四年八月×日

鲁×狱不收字〔贰零壹肆〕贰　号

鲁×狱不收字〔贰零壹肆〕贰　号

第三节　罪犯收监身体检查表

一、《罪犯收监身体检查表》的概念

该文书是监狱在收监过程中，依法对交付执行刑罚的罪犯进行身体检查后制作的体检结果报告单。

二、《罪犯收监身体检查表》填写说明

1. 该文书应由直接体检的警察医生根据体检结果如实详细的填写。绝不允许医务犯以任何形式参与新犯收押中的体检和填写体检结论等事宜。

2. 填写体检结论要符合体检的专业术语，并使用统一的医学检验指标和计量单位。根据体检需要可附罪犯照片。

3. 主检医师意见。由主检医师综观各项目的体检指标，提出检查结论。主检医师的结论意见必须客观真实，因为罪犯健康状况的级差，关系分监区今后对罪犯管理、劳动岗位的区别对待。体检结果具有暂不收监情形的，结论意见必须十分慎重，经得起复查。签署意见后主检医师应签名、注明日期。如有伤病等须附罪犯本人情况说明。

4. 医院意见。由监狱医院的负责人对体检报告作出最终审定意见，加盖医院公章，注明日期。不能将医院意见表述为"同意收监"或"不同意收监"。

5. 罪犯签字栏。对检查结果须由罪犯签字或按指印认可。

三、《罪犯收监身体检查表》样表

罪犯收监身体检查表

单位：山东省××监狱　　　　　　　　　编号：37××××××××

姓名		李四	性别		男	出生日期		1978 年 11 月 19 日
民族		汉族	婚否		已婚	家庭住址		××市××区新月花苑 8 幢 1 单元 602 室
罪名		受贿罪	刑种		有期徒刑	刑期		15 年
身高		178 公分	体重		75 公斤	血型		A 型
体貌特征	头部	前脑门较高，后脑勺有一 5 公分长的疤痕。左耳根下部有一 5 公分见方的紫色胎记。						
	发须	发浓密，八字胡。						
	脸部	圆脸，单眼皮，眼睛较大，眼眶微凹，三角耳，鼻梁较挺。						
	其他	体型偏胖。						
既往病史	病名	肝炎	痢疾	伤寒	肺结核	皮肤病	性病	精神病	其他
	患病时间	无	无	无	无	无	无	无	无

体检项目	一般状态	正常	血压	126/85 mmHg
	内科	双肺（一），心率齐，72 次/分，无杂音，腹柔软，肝脾未及。		
	外科	头颅、脊椎、四肢无畸形，各关节活动正常。		
	五官科	左右裸视力均为 1.5。		
	皮肤科	无殊。		
	妇科	/		
	X 射线	两肺清晰，心隔正常。		
	化验	正常。		
	其他	/		
主检医师意见	以上情况属实。 签字：×× 二〇一四年八月×日		医院意见	同意主检医师意见。 （公章） 二〇一四年八月×日
罪犯签字	情况属实。 签字：×× 二〇一四年八月×日			

第四节　罪犯暂不收监通知书

一、《罪犯暂不收监通知书》的概念

该文书是在罪犯收监过程中，监狱对罪犯进行身体检查后，发现罪犯的健康或生理状况有法定暂不收监的情形，依法作出暂不收监决定后通知原判人民法院和负责送交罪犯的公安机关时制作的执法文书。

二、《罪犯暂不收监通知书》填写说明

1. "暂不收监"的理由：必须符合我国《刑事诉讼法》第 254 条和《监狱法》第 17 条规定，事项表述要具体、准确。三联中暂不收监的理由必须一致。

2. 其他要求同《罪犯不予收监通知书》。

三、《罪犯暂不收监通知书》样表

罪犯暂不收监通知书	罪犯暂不收监通知书	罪犯暂不收监通知书
（存根） 鲁×狱暂不收字〔2014〕4 号 姓名 张三 性别 男 出生日期 1971 年 5 月 25 日 罪名 贪污罪 刑种 有期徒刑 刑期15 年 原判法院 ××人民法院 送押机关 ××公安局 暂不收监理由：患严重的风湿性心脏病，心脏功能三级以上。 填发日期：2014 年 10 月 10 日 填发人：××× 送押人：××× 通知书已送达： __×× 公安局__ __×× 人民法院__	鲁×狱暂不收字〔2014〕4 号 ×××公安局： 　　你局送押罪犯张三，男，出生日期 1971 年5 月25 日，罪名贪污罪，刑期有期徒刑15 年。经入监体检，该犯患严重的风湿性心脏病，心脏功能三级以上 _____ 　　　　　　　　。 根据《中华人民共和国刑事诉讼法》第254 条和《中华人民共和国监狱法》第17 条规定，决定暂不收监。 特此通知。 （公章） 二〇一四年十月十日	鲁×狱暂不收字〔2014〕4 号 ×××人民法院： 　　你院判决罪犯张三，男，出生日期1971 年5 月25 日罪名 贪污罪，刑期有期徒刑15 年。经入监体检，该犯患严重的风湿性心脏病，心脏功能三级以上 _____ 　　　　　　　　。 根据《中华人民共和国刑事诉讼法》第254 条和《中华人民共和国监狱法》第17 条规定，决定暂不收监。 特此通知。 （公章） 二〇一四年十月十日

（骑缝处竖排：鲁×狱暂不收字〔贰零壹肆〕贰号）

第五节 罪犯物品保管收据

一、《罪犯物品保管收据》的概念

该文书是监狱在对罪犯收监过程中，对公安机关移交或者在对罪犯进行人身及所携带的物品检查中发现的非生活必需品，需要由监狱代为保管时出具给罪犯本人的书面保管凭据。

二、《罪犯物品保管收据》填写说明

1. 该文书的编号是指罪犯编号，而非收据编号，使用罪犯编号可以避免因姓名相同造成的差错。

2. 日期。填写出具收据时的时间，即物品经罪犯本人确认后，正式由监狱代为保管之时。

3. 品名。指物品的品牌和名称，可能的情况下，要把这两层含义完整表述。例如，劳力士手表。

4. 规格型号。指同品牌物品的类别。例如，品牌为三星手机，规格型号为SGH-E788。

5. 计量单位。指物品的度量单位，例如，只、件、套、台。填写时要根据具体的物品，选用准确的量词。

6. 新旧程度。指保管时物品实际使用过的状态。在收据中表明新旧程度，可以避免日后不必要的保管纠纷。

7. 签名。保管人特指对物品进行直接保管的警察。填完收据后，应将收据内容交当事罪犯确认，认为没有异议的，由罪犯本人签名。

8. 该收据属于表格式文书，一纸三联，制作完毕后由罪犯本人、罪犯所在监区（分监区）、监狱狱政管理部门各执一份。

三、《罪犯物品保管收据》样表

罪犯物品保管收据

鲁×狱收据字

[2014] 5 号

编号：37×××××××

2014 年 8 月××日

品名	规格型号	计量单位	数量	新旧程度
劳力士手表	M183	块	1	6成新
苹果手机	5S	只	1	7成新
生肖猴票	1980年版	枚	20	品相完整
毛料西服	180/96A	套	1	8成新
金手链	18K	根	1	9成新
表格	以下无	内容		
保管人签名	××	罪犯签名	李四	

鲁×狱收据〔贰零壹肆〕伍　号

罪犯物品保管收据

鲁×狱收据字

[2014] 5 号

编号：37×××××××

2014 年 8 月××日

品名	规格型号	计量单位	数量	新旧程度
劳力士手表	M183	块	1	6成新
苹果手机	5S	只	1	7成新
生肖猴票	1980年版	枚	20	品相完整
毛料西服	180/96A	套	1	8成新
金手链	18K	根	1	9成新
表格	以下无	内容		
保管人签名	××	罪犯签名	李四	

鲁×狱收据〔贰零壹肆〕伍　号

罪犯物品保管收据

鲁×狱收据字

[2014] 5 号

编号：37×××××××

2014 年 8 月××日

品名	规格型号	计量单位	数量	新旧程度
劳力士手表	M183	块	1	6成新
苹果手机	5S	只	1	7成新
生肖猴票	1980年版	枚	20	品相完整
毛料西服	180/96A	套	1	8成新
金手链	18K	根	1	9成新
表格	以下无	内容		
保管人签名	××	罪犯签名	李四	

第六节 罪犯入监登记表

一、《罪犯入监登记表》的概念

该文书是监狱依法收押新入监罪犯后，通过查阅相关法律文书和对罪犯进行个别谈话等方式制作的记载罪犯个人信息、用于反映新收押罪犯基本情况的表格式文书。

二、《罪犯入监登记表》填写说明

1. 单位。填写监狱名称。罪犯入监登记表是以监狱的名义制作的，因此，无需填到分监区。

2. 入监时间。填写监狱实际收押的日期，填写到具体的年月日。

3. 特长。指特别擅长的技能或特有的工作经验。

4. 籍贯（国籍）栏。中国籍的罪犯填写籍贯，填到市县一级即可。外国籍的罪犯填写该罪犯的所属国籍。

5. 简历栏中，当罪犯待业或待安置时，所在单位填家庭住址。

6. 该文书一般应当在罪犯收押之日起的 5 个工作日内制作完成。

7. 该文书一式两份，分别存放罪犯的正档和副档。

三、《罪犯入监登记表》样表

罪犯入监登记表

单位：山东省××监狱　　编号：37××××××××　　入监日期：2014 年 8 月 × 日

姓名	李四	别名	无	性别	男	
民族	汉族	出生日期	1978 年 11 月 19 日	文化程度	大学	一寸免冠照片
捕前职业	机关干部	原政治面貌	中共党员	特长	摄影	
身份证号	37×××19781119×××		口音	普通话		
籍贯（国籍）	××省××县		原户籍所在地	××市××区四季街道丰登派出所		
家庭住址	××市××区新月花苑 8 幢 1 单元 602 室				婚姻状况	已婚
拘留日期	2013 年 3 月 8 日	逮捕机关	××区公安局	逮捕日期	2013 年 3 月 12 日	
判决书号	（2014）×法刑初字第 68 号	判决机关	××区人民法院	判决日期	2014 年 7 月 25 日	
罪名	受贿罪			刑种	有期徒刑	

续表

刑期	15 年	刑期起止	自 2013 年 3 月 8 日 至 2028 年 3 月 7 日		附加刑	无
曾受何种处罚			2005 年 10 月 3 日因酒后驾车肇事被处以治安拘留 7 天			

本人简历	起时	止时	所在单位	职务（职业）
	1985 年 9 月	1991 年 7 月	××市江北小学	学生
	1991 年 9 月	1994 年 7 月	××市五马中学初中	学生
	1994 年 9 月	1997 年 7 月	××市高级中学高中	学生
	1997 年 9 月	2001 年 7 月	××理工大学计算机应用系	学生
	2001 年 7 月	2002 年 8 月	××区新月花苑 8 幢 1 单元 602 室	待业
	2002 年 8 月	2005 年 5 月	××市国土资源局	科员
	2005 年 5 月	2013 年 3 月	××市国土资源局	副局长
	2013 年 3 月	2014 年 7 月	受贿罪案发被刑事拘留至判决生效	犯罪嫌疑人
	2014 年 8 月	今	山东省××监狱服刑	罪犯

主要犯罪事实	该犯在 2005 年 5 月 ~2013 年 3 月担任副局长期间，利用手中的权力，与该局原国土监管一科科长王五相互串通，在审批国有土地使用划拨项目中，向三家建设单位索要好处费，共计收受贿赂人民币 60 万元，该犯一人得 35 万元。

家庭成员及主要社会关系	关系	姓名	出生日期	政治面貌	工作单位职务（职业）	住址	电话
	妻子	范云	1981 年 5 月 2 日	群众	××贸易公司员工	××市××区新月花苑 8 幢 1 单元 602 室	868500××
	表格	以下	无内容				

同案犯	姓名	性别	出生日期	捕前职业	刑期	家庭住址
	王五	男	1983 年 3 月 1 日	机关干部	有期徒刑十年	××市××区新城花苑 10 幢 2 单元 305 室
	表格	以下	无内容			

说明：此表一式两份。

第七节　罪犯入监通知书

一、《罪犯入监通知书》的概念

该文书是罪犯收监后，监狱在法定期限内将罪犯的入监时间、关押场所、通信地址等事项通知罪犯家属而制作的执法文书。

二、《罪犯入监通知书》填写说明

1. 该文书的寄发有法定期限的规定，监狱自收押罪犯之日起的 5 日内必须将该通知书寄出，5 日是个不变的期限，不因节假日顺延。

2. 通知书的送达人应当是与罪犯有血缘或婚姻关系的直系亲属，通常罪犯未婚的通知其父母或监护人，已婚的通知其配偶或成年子女，没有上述成员的通知关系密切的其他亲属。必要时，可以征求罪犯本人的意见。通知对象确定后，在正本联抬头栏顶格写上被通知人姓名，一般无需加称谓。

3. 文书中告知的监狱地址、信箱代号、邮政编号必须准确无误，字迹工整清楚。正本联中收押监狱的名称须填写监狱全称。信封上收信人的地址、邮政编号要认真核对，以免因填写错误造成无法投递。通知书应当用挂号信的方式寄发，严格禁止将通知书交由罪犯本人寄发的不合法行为。

4. 家属寄回的回执可以与存根粘贴一起保管，以备查。

5. 文书经核对无误后签注日期，正本联加盖监狱公章。

三、《罪犯入监通知书》样表

罪犯入监通知书

（存根）

鲁×狱入通字〔2014〕5号

罪犯姓名　李四
罪　　名　受贿罪
刑　　种　有期徒刑
刑　　期　15年
判决机关　××区人民法院
入监时间　2014年8月××日
家属姓名　范云
与罪犯家属的关系　夫妻
家庭住址　××市××区新月花苑8幢1单元602室

填发人：××
填发日期：2014年8月××日

鲁×狱入通字（贰零壹肆）伍号

罪犯入监通知书

（回执）

鲁×狱入通字〔2014〕5号

书我已收到。

家属：范云
（签名或盖章）
二○一四年八月××日

注：接到通知书后，请将此回执寄回发函单位。

鲁×狱入通字（贰零壹肆）伍号

罪犯入监通知书

鲁×狱入通字〔2014〕5号

范云：

　　李四因犯受贿罪，经人民法院判处有期徒刑15年，于2014年8月××日送山东省××监狱服刑。

地　　址：××市××区×
　　　　　×镇平安路
　　　　　111号
乘车路线：到××路换乘
　　　　　K309、K338、K509
　　　　　路公交车到西
　　　　　阳桥站下车
信箱代号：××信箱×分箱
邮政编号：××××××
咨询电话：0531－×××
　　　　　××

特此通知。

（公章）
二○一四年八月××日

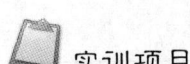 实训项目

1. 2013 年 10 月 8 日某监狱收押室接收海河市公安机关送交的一名罪犯，送交的判决书载明，该罪犯姓名张某某，男，1989 年 6 月 13 日出生，犯盗窃罪，被海河市人民法院判处有期徒刑 10 年。监狱民警在验证法律文书时，发现送交的法律文书只有人民检察院的起诉书副本、人民法院的判决书，缺少人民法院的执行通知书和结案登记表。监狱当即作出不予收监的决定，并制作罪犯不予收监通知书。

根据以上材料制作《罪犯不予收监通知书》。

2. 2013 年 10 月 10 日，某监狱收押室接收江北市公安机关送交的一名罪犯，送交的判决书载明：该犯姓名李某某，男，1952 年 6 月 15 日出生，犯贪污罪，被江北市人民法院判处有期徒刑 15 年。送交的法律文书完备齐全。经身体检查，发现该犯患有严重的风湿性心脏病，心脏功能在二级以上，病情符合保外就医疾病范围。据此，监狱当即作出暂不收监决定，并制作罪犯暂不收监通知书交给交付执行机关。

根据以上材料制作《罪犯暂不收监通知书》。

3. 浙江省某监狱入监分监区新收押一名罪犯，民警为制作入监登记表，通过查阅送交的法律文书及个别谈话，掌握该犯以下信息：个人基本情况：罪犯姓名梁某某，男，汉族，1978 年 11 月 19 日出生，大学文化，捕前为机关干部、副局长、中共党员、擅长摄影、绘画，身份证号：3301351978111900××，浙江滨州人，原户籍为滨州市江北区四季街道常青社区丰登派出所，住新月花苑 8 幢 1 单元 602 室，已婚，因涉嫌受贿罪，2013 年 3 月 8 日被江北区公安机关刑事拘留，同年 3 月 12 日被江北区公安机关逮捕，同年 12 月 20 日被江北区人民法院以（2013）江法刑初字第 68 号刑事判决书判处有期徒刑 15 年，刑期自 2013 年 3 月 8 日起至 2028 年 3 月 7 日止。

简历：1985 年 9 月在滨州市江北小学读书，1991 年 9 月在滨州市五马中学读初中，1994 年 9 月在滨州市高级中学读高中，1997 年 9 月考入江苏理工大学计算机应用系，2001 年 7 月毕业后在家待业，2002 年 8 月考入滨州市国土资源局工作，2005 年 8 月任该局副局长，2013 年 3 月因贪污罪案发被刑事拘留，同年 12 月法院作出一审判决，2014 年 1 月送浙江省某监狱服刑。2011 年 10 月 3 日曾因酒后驾车肇事被处以治安拘留 7 天。

主要犯罪事实：2005 年 8 月～2013 年 3 月担任副局长期间，利用手中的权力，与该局原国土监管一科科长万相隆相互串通，在审批国有土地使用划拨项目

中，向三家建设单位索要好处费，共计收受贿赂人民币 60 万，其中梁得 35 万。

家庭成员和主要社会关系：妻子，范某，1981 年 5 月出身，群众，滨州岛盛贸易公司员工；儿子，梁某某 2005 年 6 月出生；父亲，梁某某，1951 年 2 月出生，中共党员，滨州市第二中学教师退休；母亲，洪某某，1955 年 5 月出生，群众，滨州市华丽纺织品有限公司退休；伯伯，梁某某，1947 年 12 月出生，群众，滨州市税务局退休干部，家住江东区曙光新村 2 幢 2 单元 304 宝；舅舅，洪华峰，1953 年 10 出生，中共党员，江苏省玉秀职业学院干部退休，家住江苏南通星光大道 78 号。

同案犯情况：万某某，男，1983 年 3 月出生，捕前任滨州国土资源局监管一科科长，犯受贿罪，判处有期徒刑 10 年，家住滨州市南江区新城花苑 10 幢 2 单元 305 室。

根据以上材料制作《罪犯入监登记表》。

实训提示

1. 注意罪犯暂不收监与不予收监两种通知书的区别：主要包括适用范围不同、法律依据不同、发文字号和标题不同。

2. 制作《罪犯入监登记表》必须由监狱警察亲自制作填写，禁止由其他罪犯代劳。"本人简历"栏目的填写，注意时间上的连续性，从小学入学一直到判决生效、罪犯入监，都必须有准确时间的记载。"家庭成员及社会关系"与"同案犯"信息的填写必须完整不能有所遗漏。

第三章　处理罪犯申诉、控告、检举类执法文书

本章导读

　　我国《监狱法》第 21～24 条专门对罪犯入监后的申诉、控告和检举的处理作了规定，要求监狱及时传递罪犯的申诉、控告和检举材料，不得扣押，有关部门要及时处理这些材料。《监狱法》第 47 条还进一步规定"罪犯写给监狱的上级机关和司法机关的信件，不受检查"。这充分地保护了罪犯申诉、控告和检举的权利。实践证明，依法保护罪犯的申诉、控告和检举权，对于更准确、有效执行刑罚，打击罪犯、保护人民，健全社会主义法制具有重要的意义。本章涉及的《罪犯材料转递函》和《对罪犯刑事判决提请处理意见书》虽都属于处理罪犯申诉、控告、检举类执法文书，但两种文书具有不同的作用，其格式和内容也各不相同，监狱警察在使用、制作时注意区别把握。

 第一节　处理罪犯申诉、控告、检举工作规程

一、适用范围及法律依据

　　罪犯的申诉主要是指罪犯对已发生法律效力的刑事判决和裁定不服，向人民法院或人民检察院提出要求重新处理的行为。在实践中，罪犯申诉的常见情形主要有无罪的申诉、对判决定性不准或者量刑过重的申诉等。

　　罪犯的控告是指罪犯在服刑期间向有关机关揭发、控告有关人员违法犯罪行为，以维护自身合法权益的行为。在实践中，罪犯控告的常见情形主要是罪犯对在被侦查、起诉、审判、执行过程中因相关司法工作人员的违法违纪行为损害了自己合法权益的控告。

　　罪犯检举是指罪犯在服刑期间揭发、举报监狱内外各种违法犯罪行为线索和事实，并要求依法处理的行为。在实践中，罪犯检举的常见情形主要有检举社会

上的违法犯罪事实，检举监狱人民警察的违法违纪事实，检举狱内其他罪犯违法犯罪或违纪违规的事实等。

我国《监狱法》第 21～24 条对处理罪犯的申诉、控告、检举作出了明确的法律规定，这是监狱人民警察处理罪犯申诉、控告、检举事项的法律依据，必须严格执行。

二、处理罪犯申诉、控告、检举工作规程示意图

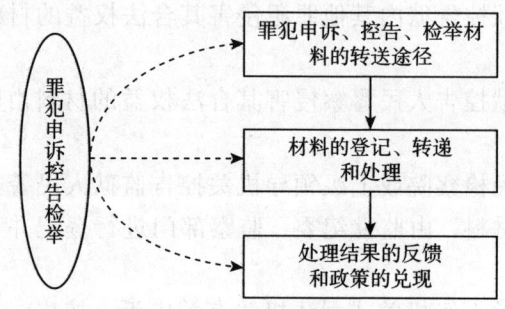

三、处理罪犯申诉、控告、检举工作规程操作要点

（一）罪犯申诉、控告、检举材料的转送途径

1. 罪犯可以将申诉、控告、检举材料直接送交监狱分监区（监区）人民警察转送。

2. 罪犯可以将申诉、控告、检举材料直接投入监狱内设置的局长信箱、监狱长信箱、检举信箱以及人民检察院设置的检察信箱转送。

3. 罪犯可以向公安机关、人民法院、人民检察院或上级领导机关以邮寄的方式提出申诉、控告和检举。

4. 罪犯可以委托亲属或律师提出申诉、控告和检举。

（二）及时登记、转递或处理

1. 罪犯申诉材料的转递。罪犯申诉材料由监狱狱内侦查部门或狱政管理部门负责登记，经办人员将申诉材料登记后应及时转送有关人民法院或人民检察院处理。

2. 罪犯申诉材料的处理。《监狱法》第 24 条规定，监狱根据罪犯的申诉，认为判决可能存在事实或法律错误的，应当提请人民检察院或者人民法院处理，人民检察院或者人民法院应当自收到监狱提请处理意见书之日起 6 个月内将处理结果通知监狱。

3. 罪犯检举材料的处理。

（1）罪犯检举狱内罪犯又犯罪行为或线索的材料由狱内侦查部门进行登记并负责查处。

（2）罪犯检举社会人员犯罪行为或线索的材料由狱内侦查部门进行登记并及时转送有关公安机关或人民检察院查处。

4. 罪犯控告材料的处理。

（1）罪犯向监狱控告狱内其他罪犯侵害其合法权益的材料由狱内侦查部门进行登记并查处。

（2）罪犯向监狱控告人民警察侵害其合法权益的材料由监狱纪检、监察部门登记并查处。

（3）罪犯向人民检察院或上级领导机关控告监狱人民警察或社会其他机关侵犯其合法权益的材料，由监狱纪委、监察部门进行登记并及时转送有关部门查处。

5. 罪犯直接写给上级机关或司法机关有关申诉、控告、检举的信件不受检查，由狱内侦查部门或狱政管理部门登记后及时寄出。

（三）处理结果的反馈及政策兑现

1. 有关部门对罪犯申诉、控告、检举材料应及时处理，处理结果书面告知罪犯，并由罪犯签收。

2. 罪犯的检举经有关部门查证属实并认定检举人确有重大立功或有立功表现的，监狱应按规定及时呈报人民法院兑现相应刑事奖励。相关材料及时归入罪犯个人档案。

3. 发生罪犯申诉被驳回或其他使罪犯思想、情绪产生波动情况的，分监区应当根据情况及时做好教育管理工作。

第二节 罪犯材料转递函

一、《罪犯材料转递函》的概念

该文书是监狱依法将罪犯的申诉、控告、检举、自首等材料转送有关司法机关处理时所制作的文书。

二、《罪犯材料转递函》填写说明

1. 标题的空格填写罪犯姓名及转递材料的类型。材料类型分为申诉、控告、检举、自首等，根据转递材料的实际内容，填入相应的材料类型名称。

2. 正本联正文前顶格填入处理机关的名称，根据不同的材料类型，转送有权处理的机关。如申诉材料可以转递有关人民法院或者人民检察院；控告材料可以转递有关人民检察院或者被控告人的上级领导机关；检举或者自首犯罪事实的材料，可以转递犯罪行为发生地的公安机关或者人民检察院。

3. 正本联正文填写时应具体写明罪犯姓名、案由、材料类型、卷数、页数等要素，使处理机关能够直观地了解该材料的内容。如，"现将我狱罪犯王五认为原判决适用法律错误，要求重新审判的申诉材料共 1 卷 5 页寄去，请查收"。

4. 正本联的落款处注明成文日期，加盖监狱公章。

5. 回执联中的回复地址、信箱号码、邮政编号是监狱告诉对方的回复通信方式，在制作该文书时必须正确填写，便于对方将回执及时寄回。

6. 存根联的材料摘要，是把寄发材料的主要内容作简要摘录，以备查或询问。一般情况下，监狱对寄发的材料都要求留有原文的复印件，因此，该栏目的内容可以概括、简洁，但材料的要点要有所反映。

7. 存根联的回复时间是补记项，按收到回执的实际时间记载。

三、《罪犯材料转递函》样表

罪犯李四检举材料转递函

（存根）

济监函字［2014］12 号

姓名　李四

材料类型　检举

材料卷数、页数　共1卷3页

材料摘要　检举犯罪嫌疑人王阿牛抢劫杀人犯罪。王阿牛江西省上饶市人，2013年5月因涉嫌盗窃罪被羁押济南市看守所。据王自己透露，2009年9月上旬的一天午夜约2点，他打一辆出租车来到济南市××区郊外，见四下无人，王便对司机实施抢劫，遭到司机反抗，王就用随身携带的水果刀刺中其腹部，从他身上搜去2000元现金和一部三星手机后逃跑，第二天知道司机已死亡。开车的是一位约50岁的男性司机。

转送单位：济南市公安局

填发时间：2014年11月5日

承办人：×××

（竖排侧注）济监函字〔贰零壹肆〕拾贰　号

罪犯李四检举材料转递函

（回执）

济南市监狱：

你狱［2014］济监函字第12号材料转递函及材料均已收到，经核对无误。

回复地址：××省××市××区××大街110号

通信信箱：××省××市××区505信箱

邮政编号：3111××

（公章）

二〇一四年十一月五日

注：接到材料转递函后，请即将此回执寄给发函单位。

（竖排侧注）济监函字〔贰零壹肆〕拾贰　号

罪犯李四检举材料转递函

济监函字［2014］12 号

济南市公安局：

现将我狱罪犯李四检举犯罪嫌疑人王阿牛，可能实施2009年9月上旬发生在你市郊外的一起抢劫杀害出租车司机刑事犯罪的检举材料，共1卷3页寄去，请查收。

（公章）

二〇一四年十一月五日

第三节 对罪犯刑事判决提请处理意见书

一、《对罪犯刑事判决提请处理意见书》的概念

该文书是监狱在刑罚执行过程中，认为罪犯的刑事判决可能有错误，提请人民检察院或者原判人民法院处理的执法文书。

二、《对罪犯刑事判决提请处理意见书》注意事项

1. 法律依据。《刑事诉讼法》第 264 条规定："监狱和其他执行机关在刑罚执行中，如果认为判决有错误或者罪犯提出申诉，应当转请人民检察院或者原判人民法院处理。"《监狱法》第 24 条规定："监狱在刑罚执行过程中，根据罪犯的申诉，认为判决可能有错误的，应当提请人民检察院或者人民法院处理，人民检察院或者人民法院应当自收到监狱提请处理意见书之日起 6 个月内将处理结果通知监狱。"

2. 罪犯不服判决有权依法提起申诉，但并不是所有的申诉都属于监狱提请处理的范畴。只有当监狱认为判决书所认定的事实或适用法律上存在明显错误时，监狱才会启动该文书。

3. 该文书一经作出，对受理机关有一定的约束力。通常情况下，监狱将原判人民法院作为首选的受理机关，判决中的错误由原判法院处理更合适、更直接。只有当法院不便受理或者不愿处理的情况下，才将人民检察院作为受理机关。

三、《对罪犯刑事判决提请处理意见书》样表

<table>
<tr><td>

对罪犯刑事判决提请处理
意见书
（存根）
[2014] 济监刑请意字第 1 号

姓名　李四

罪名　挪用公款罪

刑期　3 年

提请理由　原判决刑期起止有误

转递单位　济南市市中区人民法院

时间　2014 年 6 月 1 日

承办人　李军

回复时间　2014 年 6 月 18 日

回复结果　济南市市中区人民法院已进行更正，寄来了新的判决书和执行通知书。

</td><td>

对罪犯刑事判决提请处理
意见书
[2014] 济监刑请意字第 1 号

济南市市中区人民法院：

　　罪犯李四经市中区人民法院以（2013）市中刑初字第 100 号刑事判决书判处有期徒刑 3 年。在刑罚执行中，我狱（所）发现对罪犯李四的判决可能有错误。李犯 2013 年 4 月 15 日因涉嫌赌博被拘留，至 8 月 11 日被公安机关以涉嫌挪用公款将该犯逮捕，原判决的起止日期是以 8 月 11 日开始计算的。该犯从 2013 年 4 月 15 日至 8 月 11 日被拘留，一直是处于羁押状态，应折抵刑期。因此该犯的起刑日期应从 2013 年 4 月 15 日起算。

　　为此，根据《中华人民共和国监狱法》第 24 条和《中华人民共和国刑事诉讼法》第 264 条的规定，提请你院对李四的判决予以处理，并将处理结果函告我监（所）。

（公章）
二〇一四年六月一日

</td></tr>
</table>

〔贰零壹肆〕济监刑请意字第壹号

实训项目

罪犯俞某某，男，1994 年 12 月 3 日出生，因犯故意伤害罪，2013 年 8 月 24 日被萧河市人民法院以（2013）萧法刑初字第 56 号刑事判决书判处有期徒刑 10 年，于 2013 年 9 月 4 日送某监狱服刑。在服刑期间，该犯以法院量刑过重提出申诉。监狱仔细审阅了该犯的判决书，判决书认定：2012 年 12 月 2 日，被告人俞某某因琐事与邻居王某发生口角，在争执过程中，被告人俞某某操起身边的一根木棍向王某的头上打去，王某闪头避让，棍子击中鼻子，致使王某鼻骨骨折，外鼻严重塌陷变形。后经法医验伤属重伤。法院认为被告人犯罪事实清楚，证据确凿，已构成故意伤害罪，依照《中华人民共和国刑法》第 234 条第 2 款，故意伤害致人重伤的，处 3 年以上 10 年以下有期徒刑，判处被告人俞某某有期徒刑 10 年。从该犯的判决书中监狱发现了问题，罪犯俞某某 1994 年 12 月 3 日出生，犯罪时间是 2012 年 12 月 2 日，犯罪时未满 18 周岁，为未成年人犯罪。我国《刑法》第 17 条第 3 款规定："已满 14 周岁不满 18 周岁的人犯罪，应当从轻或者减轻处罚。"根据该法条，只要是未成年人犯罪，法院量刑时至少应当给予从轻处罚，从轻处罚就是在法定刑幅度内选择较轻的刑期。显然，法院在量刑中忽视了俞某某为未成年人犯罪的情节。法院对罪犯俞某某适用了法定刑幅度内的最高刑期，判处 10 年有期徒刑，违反了法律的义务性规范，属量刑错误。于是，监狱启动了提请处理意见书程序，提请原判人民法院处理。

根据以上材料制作《对罪犯刑事判决提请处理意见书》。

⚠ 实训提示

1. 对于罪犯合理合法的申诉，监狱不能仅仅满足于审查登记，使用《罪犯材料转递函》将罪犯的申诉材料寄发给相关部门。更应该主动做好与法院、检察院等部门的沟通与联系，取得这些部门的理解与支持。通过制作《对罪犯刑事判决提请处理意见书》，可以促使相关部门在法律规定的时间内作出答复，从而使罪犯的合法权益得到有效的维护，让罪犯得以安心改造。

2. 监狱《对罪犯刑事判决提请处理意见书》中"提请处理意见"的写作必须做到事实、法律根据充分，语言有理有力才能提高"意见书"的回复率，以保障罪犯的合法权利。

第四章　对罪犯实施行政奖惩类执法文书

本章导读

　　奖惩是指监狱按照法律与监管法规的有关规定，并根据罪犯在改造中比较突出的好坏表现予以奖励或处罚的一种制度。罪犯奖惩工作对罪犯的改造行为具有引导、预测、评价和激励作用，对罪犯的改造具有极其重要的现实意义。奖惩按裁决机关与工作程序的不同分为行政奖惩与刑事奖惩，行政奖惩是在监狱权限内，经监狱主管领导审核批准后即可执行《监狱法》规定的行政奖惩，有表扬、物质奖励、记功、离监探亲四种行政奖励；有警告、记过、禁闭三种行政处罚。刑事奖惩则主要是监狱按照法定程序提请人民法院作出裁定的减刑或假释。本章涉及的是行政奖惩类执法文书，主要包括：《罪犯奖励审批表》、《罪犯奖励通知书》、《罪犯处罚审批表》、《罪犯处罚通知书》、《罪犯离监探亲审批表》和《罪犯禁闭审批表》。《罪犯评审鉴定表》虽不属于对罪犯的行政奖惩类文书，但为狱内评比各类改造先进奠定了基础，评审表中确认罪犯受到年度表扬、记功或改造积极分子奖励的，监狱应同时制作配套的奖励类审批表及通知书。鉴于此，本教材将该文书安排在本章与其他行政奖惩类执法文书一起进行讲述。

第一节　对罪犯实施行政奖惩管理工作规程

一、适用范围及法律依据

　　监狱对罪犯的行政奖励主要包括表扬、记功、物质奖励和离监探亲。对罪犯的行政处罚主要包括警告、记过或者禁闭。由于给予罪犯离监探亲的奖励和对罪犯实施禁闭的处罚在程序上有区别于其他行政奖惩的特殊性。因此，本工作规程仅适用于对罪犯进行表扬、记功或者物质奖励的行政奖励以及对罪犯实行警告、记过的行政处罚。

　　我国《监狱法》第57、58条对罪犯行政奖惩的法定情形作出了明确规定。

监狱人民警察应当严格按照法律的有关规定，认真做好对罪犯的奖惩工作。

二、对罪犯实施行政奖惩工作规程示意图

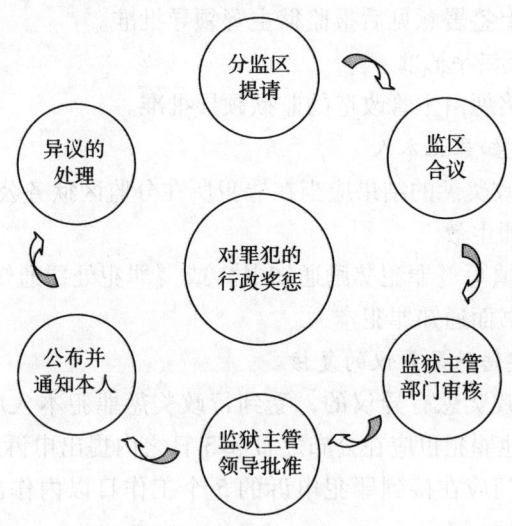

三、对罪犯实施行政奖励工作规程操作要点

（一）分监区提请

1. 对罪犯的行政奖惩由分监区提请。是否提请由分监区领导主持召开分监区全体警察参加的会议进行讨论。

2. 会议重点讨论罪犯的行为表现是否符合监狱法所规定的给予行政奖惩的法定情形以及所给予行政奖惩的种类是否合适。

3. 讨论情况应有书面记录。

4. 讨论结束后由分监区主管警察填写《罪犯奖励审批表》或《罪犯处罚审批表》，由分监区主管领导签字后报监区审批。

（二）监区"罪犯考核奖惩评审小组"审核

1. 监区"罪犯考核奖惩评审小组"审核前，由监区主管行政奖惩的警察（一般由监区管教干事担任）对分监区上报的罪犯行政奖惩的事实进行调查。

2. 召开"罪犯考核奖惩评审小组"会议，对罪犯的行政奖惩进行审核，并有书面记录。

3. 监区主管领导在相关审批表上签署意见后上报监狱狱政部门审核。

（三）监狱狱政部门审核

1. 狱政部门主管警察对上报的审批材料必要时应当深入监区、分监区进行调查核实。

2. 狱政部门召开科务会议进行审议，审议情况应有书面记录，并由狱政部门领导在审批材料上签署意见后报监狱主管领导批准。

（四）监狱主管领导批准

对罪犯的行政奖惩由主管改造的监狱领导批准。

（五）公布及通知罪犯本人

1. 对罪犯的行政奖惩的结果应当在罪犯所在分监区狱务公示栏公布。公布3个工作日后无异议即生效。

2. 由狱政部门填写《罪犯奖励通知书》或《罪犯处罚通知书》，将行政奖励或行政处罚的结果书面通知罪犯本人。

（六）对行政奖惩结果异议的复核

1. 对罪犯的行政奖惩有异议的，受到行政奖惩罪犯本人应在接到通知书之日起3日之内，其他罪犯也应在公布之日起3日之内提出申诉。

2. 监狱狱政部门应在接到罪犯申诉的5个工作日以内作出维持或纠正行政奖惩的书面答复。

第二节 罪犯评审鉴定表

一、《罪犯评审鉴定表》的概念

根据监狱工作的惯例，每年的12月监狱都要集中一段时间组织罪犯开展评审评比工作，引导罪犯全面总结一年来的改造情况，列成绩、找问题、订规划，在此基础上，监狱各部门对罪犯的改造表现提出评鉴审核意见，为评比各类改造先进奠定基础。

《罪犯评审鉴定表》是监狱年终"双评"工作的评审阶段，在罪犯自我总结全年改造情况的基础上，由分监区作出评鉴意见，监区、教育改造部门和监狱分别审定，反映罪犯全年改造表现的鉴定文书。

二、《罪犯评审鉴定表》填写说明

《罪犯评审鉴定表》属表格式与拟制式结合的文书，共有4页。该文书除鉴定意见外，其他栏目由罪犯本人填写。主要栏目制作方法：

1. 罪犯个人鉴定。要求罪犯分别按认罪服法、遵守监规纪律、劳动表现、接受三课教育及今后努力方向五个方面加以总结，用事实和数据说话，力戒套话、空话。个人鉴定中今后努力方向同样是重点，应当引导罪犯查找问题、制定改造措施和目标。民警对该块内容一定要严格审定把关，真正达到通过年度评审肯定成绩、查找问题、明确方向的目的。

2. 鉴定意见。鉴定意见是评审鉴定表的核心内容，依次由分监区、监区、教育改造科、监狱分别签署。重点掌握分监区意见。

分监区是直接管理教育罪犯的最基层单位，对罪犯的改造表现最清楚、最有发言权。因此，分监区意见带有实质性的评价内容，是监狱各部门评审鉴定及审查评比的基础。分监区意见要求能够较客观地反映罪犯改造表现，富有鲜明的个性特点，评价恰如其分。根据上述要求，分监区意见一般应包括以下内容：①对改造表现的总体评价；②列举主要的改造成绩或存在的不足；③对符合奖励条件的罪犯，提出年度奖励建议。对罪犯改造表现的评价，通常由分管民警拟定初稿，经分监区民警会议审定。根据分监区议事规则，对罪犯的年度奖励由分监区民警会议合议决定，因此，完整的奖励意见要有民警会议的时间，改造表现的定性评价，及拟奖励的种类。如，经××年××月××日分监区民警会议合议，认为该犯改造表现突出，符合改造积极分子条件，建议评为××年度改造积极分子。罪犯改造表现的定性要与建议奖励的种类相吻合，如建议给予改造积极分子奖励的，改造表现应定性为突出；给予记功奖励的，定性为好；给予表扬奖励的，定性为较好。

三、《罪犯评审鉴定表》注意事项

1. 该文书是对评审工作的客观记载，是反映罪犯改造表现的重要书面凭据，也是监狱提请人民法院裁定减刑假释时应当提交的材料之一。该文书经监狱签署意见后，应及时归入罪犯个人档案。

2. 该文书是《监狱执法文书格式》中唯一一份由罪犯共同参与完成的监狱执法文书，除了意见栏由民警填写外，其余内容都由罪犯本人填写。由罪犯填写的栏目，民警应当在填写前提出具体的要求，填写后认真审查，严格把关，确保文书的严肃性。

四、《罪犯评审鉴定表》样表

　　　　××　省（区、市）　　××　监狱（所）

罪犯评审鉴定表

（2013 年度）

　　　　姓　名　　李　四　
　　　　监　区　　三监区

姓名	李四	性别	男	民族	汉族	文化程度	初中
出生日期	1984 年 11 月 11 日	家庭住址		××市××区梧桐街道紫灵社区景元苑 3 幢 502 室			
罪名	故意伤害罪	刑种	有期徒刑	刑期	15 年	刑期起止	自 2008 年 5 月 5 日起 至 2023 年 5 月 4 日止

刑种刑期变动情况	2011 年 7 月减刑 1 年；2013 年 10 月减刑 1 年 3 个月；刑期截止日期：2021 年 2 月 4 日
主要犯罪事实	2008 年 5 月 5 日，因琐事与邻居黄某发生口角，继而相互发生厮打，情急之中，操起身边的一根木棍挥向黄某的头部，黄某的后脑勺被击中，当即昏倒在地。事发后，与邻居一同将黄某送医院抢救，因伤势过重黄某死亡。当日，主动到当地派出所自首。
本年度奖惩情况	2013 年 8 月在"百日安全竞赛"活动中表现突出，受到监狱记功一次；2013 年 10 月因确有悔改表现，被人民法院裁定减刑 1 年 3 个月。
个人鉴定	认罪服法情况： 在改造中能真诚认罪悔罪，深挖导致走上犯罪道路的思想根源，心悦诚服地接受法院公正合理的判决，珍惜政府给我改过自新的机会。在改造中能时刻反省自己，自觉履行改造义务，牢记罪犯身份意识，明确改造目标，积极靠拢政府，相信政策，服从监狱人民警察的管理，注重自身的思想本质改造，踏实走好改造生活的每一步。 遵守监规纪律情况： 一年来，能时刻牢记自己的身份，严格遵守各项监规纪律，时刻以《监狱服刑人员行为规范》约束自己的一言一行，不断提高自我改造意识，克服存在的不足。能充分认识遵守监规纪律的重要性，监规纪律是每个服刑人员的行为准则，更是服刑人员服刑生活的重要保障。平时，能做到服从命令听指挥，熟记各项监规纪律，并自觉落实到实际行动中去。一年来，除卫生检查被扣 1 分，没有其他违规扣分的情况，全年累计考核加分 216 分。在今年 8 月监狱开展的"百日安全竞赛"活动中，能端正态度，积极投入，严格规范自己的行为，同时督促同犯遵守纪律，取得了预定的竞赛目标。本人受到监狱记功奖励一次。 劳动表现情况： 能明确劳动改造的重要性，劳动是服刑人员的基本改造义务，只有劳动才能清除好逸恶劳的思想，才能掌握社会生存的本领。一年来，能端正劳动态度，服从分配，积极劳动，遵守劳动纪律和安全操作规程，做到不冒险、不违章作业。能积极钻研生产技能，空余时间阅读与劳动有关的专业书籍，虚心向工人师傅请教，已较熟练地掌握岗位操作技能，能独当一面地上岗劳动。全年超考核工时 850 小时，废品率指标下降 0.5 个百分点。出勤率达到 100%。

续表

	接受思想、文化、技术教育情况： 能端正学习态度，积极参加政治、文化、技术学习，遵守学习纪律，按时完成作业，认真参加考试。全年到课率100%，政治成绩90分，文化成绩85分，技术成绩88分，三课平均成绩87.6分。平时能自觉关心国家时事政治，坚持阅报。订阅相关的法律书刊，提高懂法守法意识。参加成人中专学历教育，本学年开设的四门课程全部通过考试，并符合优秀学员的评选条件。踊跃参加监狱组织的文体活动，在监狱组织的"歌唱祖国"卡拉OK比赛中，获个人演唱二等奖。积极写稿投稿，全年被省新生报录用3篇，被监狱新生报录用8篇。
	今后努力方向： 在全年的改造中，还存在的不足有：服刑意识有时还不够牢固，改造中遇到不顺心的事有泄气现象；个人内务卫生还做得不够过硬，被扣1分处理；同犯之间互相监督批评不够。决心在今后的改造中更加注重思想本质的改造，进一步增强服刑意识，继续保持成绩，克服存在的问题。明年的改造目标是：争取做到全年无违规、无扣分；保质保量完成劳动任务；三课平均成绩90分以上；完成成人中专学历教育，取得毕业文凭；各类稿件录用数超过15篇。
分监区意见	该犯在2013年度改造中，服刑意识较强，能认罪服法，服从管理教育，遵守监规纪律，认真参加三课学习，积极参加劳动，超额完成劳动任务。取得的主要改造成绩有：考核累积分216分，月均得分18分，全年无故意违规扣分，超劳动工时850小时，出勤率达到100%，三课平均成绩87.6分，稿件录用数11篇。 经2013年12月27日分监区民警会议合议，认为该犯改造表现突出，符合改造积极分子条件，建议评为2013年度改造积极分子。 <div align="right">（签字） 二〇一三年十二月二十七日</div>
监区意见	经审查，建议评为2013年度改造积极分子。 <div align="right">（签字） 二〇一三年十二月二十七日</div>
教育改造科意见	经审核，建议评为2013年度改造积极分子。 <div align="right">（签字） 二〇一三年十二月二十七日</div>
监狱意见	同意评为2013年度改造积极分子。 <div align="right">（签章） 二〇一三年十二月二十七日</div>

第三节 罪犯奖励审批表

一、《罪犯奖励审批表》的概念

该文书是监狱对具有法定奖励情形的罪犯，按照一定的程序，给予行政奖励的审批文书。凡提请对罪犯给予行政奖励、物质奖励、专项行政奖励的均填写此表。

二、《罪犯奖励审批表》填写说明

（一）奖励依据包括事实依据和法律依据

事实依据是将罪犯有何种奖励情形的行为叙述清楚，要用事实和数据例证，把该行为发生的时间、地点、人物、经过、情节和结果表述完整，力求真实、客观。拟给予行政奖励的，应写明该行政奖励的时间段、改造表现（认罪服法、遵守监规、三课学习、劳动改造等）、计分考核分数、依据的相关规定。

对罪犯行政奖励的法律依据是我国《监狱法》第57条的相关规定，援引的法条要根据罪犯的行为，明确到具体的款项。

（二）审批意见分为分监区意见、监区意见、狱政部门意见及监狱意见

分监区意见必须做到内容真实，意见明确，程序合法。根据执法工作的要求，对罪犯的奖励必须经分监区民警会议讨论，形成集体意见。如：经××年××月××日分监区民警会议讨论，根据该犯的现实表现和计分考核得分，依据《罪犯计分考核奖罚规定》第×条之规定，建议给予表扬奖励。或：经××年××月××日分监区民警会议讨论，建议给予立功奖励。

监区意见着重把握对奖励事实的审查，明确是否同意奖励的态度。监区意见可以这样签署：经审查，情况属实，同意给予××奖励。

狱政部门意见重点审查奖励的条件及把握奖励的横向平衡。意见可以这样签署：经审核，同意给予××奖励。

监狱意见是行政奖励成立的决定意见，可以这样签署：同意××奖励。

各意见应当由负责人签名，注明年月日，以示对意见内容负责。无分监区的可直接在监区意见栏填写，表述同分监区意见。

三、《罪犯奖励审批表》样表

罪犯奖励审批表

单位：××监区××分监区　　　　　　　　罪犯编号：37××××××××××

姓名	张××	性别	男	出生日期	1969 年 3 月 6 日
民族	汉族	文化程度	小学	罪名	盗窃罪
刑种	有期徒刑	刑期	10 年	刑期起止	自 2005 年 10 月 11 日 至 2015 年 10 月 10 日
奖励依据	2013 年 5 月 10 日晚上十点半左右，正值分监区中班罪犯吃夜餐期间，张××发现同组罪犯莫××不在就餐地点，他立刻按照三人连包的规定寻找莫××。当张××来到莫××劳动的岗位旁，突然发现附近窗户的铁栅栏被撬开了一个口子，张××迅速向值班民警报告，民警立刻向外追捕，把才逃出几十米的莫××及时抓回。 综上所述，罪犯张××在阻止莫××逃脱的犯罪中起到了重要的作用，其行为符合《中华人民共和国监狱法》第 57 条第 1 款第 2 项之规定。					
分监区意见	经 2013 年 5 月 15 日分监区民警集体会议讨论，建议给予该犯记功奖励。 （签字） 二〇一三年五月十五日					
监区意见	经审查，情况属实，同意给予该犯立功奖励。 （签字） 二〇一三年五月十六日					
科室意见	经审核，同意给予立功奖励。 （签字） 二〇一三年五月十七日					
监狱意见	同意给予立功奖励。 （签章） 二〇一三年五月十九日					

说明：凡提请对罪犯给予表扬、物质奖励或记功均填写此表。

第四节 罪犯奖励通知书

一、《罪犯奖励通知书》的概念

该文书是监狱将奖励结果告知罪犯本人的书面凭证。

二、《罪犯奖励通知书》填写说明

1. 填写此通知书必须以监狱领导签署奖励意见后的《罪犯奖励审批表》为凭据，即奖励决定成立后才能制作该通知书。

2. 正本联中的奖励事由，可以从奖励审批表中摘录，用词应简洁明了。属于何种奖励必须填写准确。落款日期应填写奖励审批表中监狱领导签名的日期，即奖励成立的日期，而不是填写通知罪犯的日期，加盖监狱公章。

3. 存根联的奖励内容要与正本保持一致，其他内容可以从奖励审批表中摘录。

4. 奖励成立后，经办人应及时制作通知书发给受奖励罪犯，将通知书发放的时间填入存根联，经办人应签名以示对通知事项负责。

三、《罪犯奖励通知书》样表

罪犯奖励通知书
（存根）
鲁×狱奖通字［2013］12 号

姓名　张××

性别　男

出生日期　1969 年 3 月 6 日

罪名　盗窃罪

刑期　10 年

奖励原因　阻止他人犯罪活动

奖励种类　立功

已于 2013 年 5 月 20 日通知本人

经办人签字　×××

鲁×狱奖通字（贰零壹叁）拾贰号

罪犯奖励通知书
鲁×狱奖通字［2013］12 号

张××：

　你在服刑改造期间，因有阻止罪犯莫××脱逃犯罪的行为。

　根据《中华人民共和国监狱法》第 57 条的规定，决定给予立功奖励。

　特此通知。

（公章）

二〇一三年五月二十日

第五节 罪犯处罚审批表

一、《罪犯处罚审批表》的概念

该文书是提请给予罪犯行政处罚时，逐级呈报审批的表格式执法文书。

二、《罪犯处罚审批表》填写说明

1. 凡提请对罪犯给予警告或记过的均填写此表。处罚依据：写明罪犯违纪的时间、地点、起因、参与人、经过、违纪的后果、认错态度及违反的法律法规、监规纪律条款。

2. 该文书与罪犯奖励审批表的格式与制作要求基本相同。

三、《罪犯处罚审批表》样表

罪犯处罚审批表

单位：××监区××分监区　　　　　　　　罪犯编号：37×××××××××

姓名	张×	性别	男	出生日期	1977 年 6 月 26 日
民族	汉族	文化程度	小学	罪名	故意伤害罪
刑种	有期徒刑	刑期	7 年 6 个月	刑期起止	自 2007 年 2 月 12 日 至 2014 年 8 月 11 日
处罚依据	2012 年 9 月 15 日上午 10 时许，罪犯张×在一分监区车间劳动中与同组罪犯王五发生口角，值班民警批评处理后，张×不服，怀恨在心。下午 14 时出工后，张×用水杯砸向王犯致使其头部受伤。 罪犯张×在服刑期间寻衅滋事，打架斗殴，违反了《中华人民共和国监狱法》第 58 条第 1 款第 4 项之规定。				
分监区意见	经 2012 年 9 月 17 日分监区民警集体会议讨论，提请给予该犯记过处分。 （签字） 二〇一二年九月十七日				
监区意见	经审查，情况属实，同意给予该犯记过处分。 （签字） 二〇一二年九月十八日				

续表

科室意见	经审核，同意给予记过处分。 （签字） 二○一二年九月十九日
监狱意见	同意给予记过处分。 （签章） 二○一二年九月二十日

注：凡提请对罪犯给予警告、记过的均填写此表。

 **第六节　罪犯处罚通知书**

一、《罪犯处罚通知书》的概念

该文书是监狱将处罚结果告知罪犯本人的书面凭证。

二、《罪犯处罚通知书》填写说明

1. 填写此通知书必须以监狱领导签署处罚意见后的《罪犯处罚审批表》为凭据，即处罚决定成立后才能制作该通知书。

2. 正本联中的处罚事由，可以从处罚审批表中摘录，用词应简洁明了。属于何种处罚必须填写清楚。落款日期应填写处罚审批表中监狱领导签名的日期，即处罚成立的日期，而不是填写通知罪犯的日期。加盖监狱公章。

3. 存根联的处罚内容要与正本保持一致，其他内容可以从处罚审批表中摘录。

4. 处罚成立后，经办人应及时制作通知书发给受处罚罪犯，将通知书发放的时间填入存根联。经办人应签名，以示对通知事项负责。

5. 本通知书只适用对罪犯予以警告或记过处罚，不适用禁闭处罚。

三、《罪犯处罚通知书》样表

<table>
<tr><td>

罪犯处罚通知书

（存根）

鲁×狱罚通字［2012］20 号

姓　名　张×

性　别　男

出生日期　1977 年 6 月 26 日

罪　名　故意伤害罪

刑　期　7 年 6 个月

处罚原因　寻衅滋事、打架斗殴

处罚种类　记过

已于 2012 年 9 月 20 日通知本人

经办人签字　×××

</td><td>

鲁×狱罚通字〔贰零壹贰〕贰拾　号

</td><td>

罪犯处罚通知书

鲁×狱罚通字［2012］20 号

张×：

　　你在服刑改造期间，因寻衅滋事、打架斗殴。根据《中华人民共和国监狱法》第 58 条的规定，决定给予记过处罚。

　　特此通知。

（公章）

二〇一二年九月二十日

</td></tr>
</table>

第七节　罪犯离监探亲审批表

一、《罪犯离监探亲审批表》的概念

该文书是监狱对符合法定条件的罪犯，按照一定的程序批准其离监探亲的表格式执法文书。

二、《罪犯离监探亲审批表》填写说明

1. 我国《监狱法》第 57 条第 2 款规定："被判处有期徒刑罪犯有前款所列情形之一，执行原判刑期 1/2 以上，在服刑期间一贯表现好，离开监狱不致再危害社会的，监狱可以根据情况准其离监探亲。"2001 年司法部关于印发《罪犯离监探亲和特许离监规定》的通知（［2001］094 号），对离监探亲的法律规定作出了更为具体的规定。该通知规定原判死缓、无期徒刑的罪犯被减为有期徒刑的也适用于离监探亲。对符合法定条件的罪犯批准其离监探亲，丰富了监狱行政奖励手段，对巩固罪犯的婚姻家庭关系，激励罪犯改造积极具有重要的作用。

2. 罪犯基本情况中填写的难点是"刑期"及"刑期起止"，该栏目直接反映呈报对象是否满足执行原判刑期 1/2 以上的条件，应当认真对待，准确填写。但因该文书的表式存在设计缺陷，无法完整地表述罪犯刑种、刑期的变动情况，在使用现表式的情况下，怎样较好地解决这个问题，变通的做法是：

（1）呈报对象的刑种原判是有期徒刑的填写。将刑期栏修改为"刑期（种）"栏，填写时注明原刑期及现刑期，用"原：……，现：……"表示，在刑期起止栏填写最后一次减刑后的刑期起止日期。如，某罪犯原判有期徒刑 15 年，刑期起止日期为：自 2000 年 5 月 14 日起至 2015 年 5 月 13 日止。呈报离监探亲时该犯已被减刑 3 次共 3 年。那么，在刑种（期）栏填写："原：有期徒刑 15 年，现：有期徒刑 12 年"，刑期起止栏填写：《自 2000 年 5 月 14 日起至 2012 年 5 月 13 日止》。

（2）呈报对象的刑种原判为死缓、无期徒刑，现为有期徒刑的填写。将刑期栏修改为"刑期（种）"栏，填写时注明原刑种及现刑种和刑期，用"原：……，现：……"表示，刑期起止栏填写减为有期徒刑时的刑期起止日期。如果又减刑的，刑期的起刑日仍为减为有期徒刑之日，刑期的终止日填写最后一次减刑后的刑期截止日。如，某罪犯 1995 年 5 月被判处死刑缓期两年执行，两年后减为无期徒刑，1999 年 8 月 9 日减为有期徒刑 20 年，刑期起止日期为：自 1999 年 8 月 9 日起至 2019 年 8 月 8 日止。此后，该犯又被减刑四次共 4 年，

刑期截止日期为 2015 年 8 月 8 日。那么，在刑期（种）栏填写："原：死缓，现：有期徒刑 16 年"，刑期起止栏填写"自 1999 年 8 月 9 日起至 2015 年 8 月 8 日止"。

3. 离监探亲事由。从字面理解该栏内容只要填入离监探亲的原因即可，但该文书没有设置分监区意见栏，使文书显得不够合理和慎重，因为分监区不仅对罪犯的改造表现最有发言权，其意见又是其他各部门作出审批意见的基础。变通的方法是把该栏视作分监区意见栏，同时表达离监探亲的事由和分监区呈报意见。可以这样签署："经××年××月××日分监区民警会议讨论，该犯符合离监探亲的条件，建议给予离监探亲。"

三、《罪犯离监探亲审批表》注意事项

1. 严格掌握罪犯离监探亲的条件。司法部《罪犯离监探亲和特许离监规定》第 2 条明确规定，具有《中华人民共和国监狱法》第 57 条第 1 款规定的情形之一，同时符合下列条件的罪犯，可以批准其离监探亲：①原判有期徒刑以及原判死刑缓期 2 年执行、无期徒刑减为有期徒刑，执行有期徒刑 1/2 以上；②宽管级处遇；③服刑期间一贯表现好，离监后不致再危害社会；④探亲对象的常住地在监狱所在的省（区、市）行政区域范围内。同时该文件还规定，离监探亲的对象限于父母、子女、配偶。符合条件的罪犯每年只准离监探亲一次，时间为 3 ~ 7 天（不含路途时间）。

2. 严格掌握离监探亲的程序。分监区应根据离监探亲的条件，组织罪犯自我申请或推荐，并经分监区民警会议讨论提出初步人选；监区对分监区提出的人选进行审查、确认，同意呈报的填写《罪犯离监探亲审批表》；狱政科领导审核后报主管监狱长批准。对列为重点管理罪犯的离监探亲，须报省级监狱管理局批准。

3. 分监区对被批准离监探亲的罪犯应进行一次专题的个别谈话，告知其离监探亲期间应遵守的纪律，强化其守法意识。并要求探亲罪犯到达探亲地后，持《罪犯离监探亲证明》及时向当地公安派出所报到，主动接受公安机关的监督。

4. 注意与特许离监制度的区别。特许离监是指罪犯配偶、直系亲属或监护人病危、死亡或者家中发生重大变故，确需本人回家处理，而经监狱审批准予其回家处理的狱政管理制度。两者的性质、适用条件、离监时间以及执行方式是不同的。

四、《罪犯离监探亲审批表》样表

罪犯离监探亲审批表

姓名	李×	性别	男	出生日期	1974 年 5 月 18 日	罪名	受贿罪
刑期（种）	原：无期徒刑 现：有期徒刑 14 年 6 个月	刑期 起止		自 2001 年 10 月 20 日 至 2016 年 4 月 19 日		剥夺政 治权利	原：终身 现：8 年

亲属基 本情况	姓名	与罪犯关系	职业	政治面貌
	陶诗红	妻子	教师	群众
	家庭住址	××省华金市××区新月花苑 5 栋 2 单元 403 室		
	身份证号	370××××××		

离监探亲事由 和分监区意见	该犯已执行有期徒刑 1/2 以上，改造表现一贯好，系宽管级处遇罪犯，离监后不至于危害社会。经 2013 年 11 月 10 日分监区民警会议讨论，该犯符合离监探亲的条件，建议给予离监探亲。 （签字） 二〇一三年十一月十二日
监区意见	经审查，同意离监探亲。 （签字） 二〇一三年十一月十二日
狱政科意见	经审核，同意监区意见，建议离监探亲 5 天，自 2013 年 11 月 20 日起至 2013 年 11 月 24 日止。 （签字） 二〇一三年十一月十五日
监狱意见	同意离监探亲 5 天，自 2013 年 11 月 20 日起至 2013 年 11 月 24 日止。 （签章） 二〇一三年十一月十八日

第八节 罪犯禁闭审批表

一、《罪犯禁闭审批表》的概念

罪犯禁闭审批表是监狱对有法定破坏监管秩序情形的罪犯，依据一定的程序，给予禁闭处罚的审批文书。

二、《罪犯禁闭审批表》填写说明

1. 我国《监狱法》第58条第1、2款对禁闭的情形、禁闭的期限作了明确的规定："罪犯有下列破坏监管秩序情形之一的，监狱可以给予警告、记过或者禁闭：①聚众哄闹监狱，扰乱正常秩序的；②辱骂或者殴打人民警察的；③欺压其他罪犯的；④偷窃、赌博、打架斗殴、寻衅滋事的；⑤有劳动能力拒不参加劳动或者消极怠工，经教育不改的；⑥以自伤自残手段逃避劳动的；⑦在生产劳动中故意违反操作规程，或者有意破坏生产工具的；⑧有违反监规纪律其他行为的。依照前款规定对罪犯实行禁闭的期限为7～15天。"

2. 《罪犯禁闭审批表》的表头有两项内容，单位和编号。该表为监狱内部的审批表，因此单位只填所在的监区分监区，如：一监区三分监区。编号指审批表的序号，由监狱主管科室在审批时统一编写。

3. 《罪犯禁闭审批表》中"事实依据"是要把罪犯具有何种严重破坏监管改造秩序的行为及造成的危害叙述清楚，把违规行为发生的时间、地点、人物、经过、情节和危害后果表述完整，力求真实、客观。

4. 《罪犯禁闭审批表》与《罪犯处罚审批表》的最大不同是多了"禁闭期间表现和解除禁闭情况"栏。该栏目内容由禁闭室填写，针对罪犯在禁闭期间的表现作出客观的评价，并提出解除禁闭的建议。

5. 制作《罪犯禁闭审批表》一般遵循"先审批后禁闭"的原则，但特殊情况下，如突发行凶、脱逃等，可以先禁闭后补审批。

三、《罪犯禁闭审批表》样表

罪犯禁闭审批表

姓名	李××	性别	男	出生日期		1975 年 5 月 1 日	
罪名	盗窃罪、抢劫罪	刑种	有期徒刑	刑期	3 年	健康状况	良好

申请依据	2014 年 3 月 3 日上午 11 点,在五监区一号工区劳动时,因罪犯陈犯站队不及时,李××用监督岗旗杆打陈犯,致使陈犯鼻部出血,面部挫伤,后被民警制止。综上所述,罪犯李××的行为已经符合《中华人民共和国监狱法》第 58 条第 1 款第 3 项禁闭的情形。
申请期限	经 2014 年 3 月 3 日分监区民警会议讨论,提请对罪犯李××禁闭 7 天,自 2014 年 3 月 3 日起至 2014 年 3 月 9 日止。 (签字) 二〇一四年三月三日
监区意见	鉴于该犯违纪的严重性,经监区集体研究,同意对该犯禁闭 7 天,自 2014 年 3 月 3 日起至 2014 年 3 月 9 日止。 (签字) 二〇一四年三月三日
主管科室意见	经审核,同意对该犯禁闭 7 天,自 2014 年 3 月 3 日起至 2014 年 3 月 9 日止。 (签字) 二〇一四年三月三日
监狱意见	同意对该犯禁闭 7 天,自 2014 年 3 月 3 日起至 2014 年 3 月 9 日止。 (签章) 二〇一四年三月三日
罪犯禁闭期间的表现	李××在禁闭期间,经民警教育,对自己的错误有了深刻的认识和反省,表示接受教育和处理,并写出了书面检查和保证书。鉴于其认识错误的态度和禁闭期间的表现,建议解除禁闭。 (签字) 二〇一四年三月九日
解除禁闭情况	对罪犯李××已于 2014 年 3 月 9 日解除禁闭。 批准人:××　　　　　　　　　　执行人:×× 二〇一四年三月九日　　　　　　二〇一四年三月九日

实训项目

1. 罪犯赵某某，男，1983年9月9日出生，汉族，初中，犯抢劫罪，2006年3月被判处死刑缓期2年执行，在江苏省某监狱一监区三分监区服刑。两年后被减为无期徒刑，2012年6月5日被减为有期徒刑20年，刑期自2012年6月5日起至2032年6月4日止。2012年8月又被减刑1年6个月，刑期截止日期为2030年12月4日。

赵某某在2014年二季度的改造中能安心改造，遵守监规，二季度无任何违纪行为，能保质保量完成生产任务。"三课"学习认真努力，受到教员口头表扬。该犯当季考核得分11分，当季排名第5名（分监区当季共有在押犯108名，行政奖励比例为35%，共有当季奖励指标19，历季奖励指标19）。根据《监狱法》第57条之规定和《计分考核》第23条的有关规定，经2014年7月5日分监区集体会议讨论研究，建议给予该犯表扬奖励。

根据以上材料制作《罪犯奖励审批表》。

2. 罪犯纪某某，男，1974年11月9日出生，汉族，初中，犯拐卖妇女罪，被判处有期徒刑12年，刑期自2008年8月15日起至2020年8月14日止。服刑期间，减刑1次1年，减刑后，刑期截止日期为2019年8月14日。在2013年2月的会见中，纪犯将家属藏匿物品中的500元现金隐藏下来，并于2013年9月3日上午偷偷与前来联系业务的外来人员章某接触，要求其代为购买香烟，并许诺给其200元好处费，章某允诺，遂于9月9日带进香烟两条。在交接时被民警当场查获。罪犯纪某某私藏现金并与外来人员进行非法交易的行为，已经对监管改造秩序构成一定的危害，其行为符合处罚情形。经2013年9月10日分监区民警会议集体讨论，提请给予记过处罚。

根据以上材料制作《罪犯处罚审批表》。

3. 罪犯茹某某，男，1971年6月11日出生，犯受贿罪，1995年8月被判处无期徒刑，剥夺政治权利终身，同年8月25日送某省某监狱服刑。1997年11月20日被减为有期徒刑20年，刑期自1997年11月20日起至2017年11月19日止。此后，又减刑5次共计5年6个月，剥夺政治权利期限改为8年。减刑后，刑期截止日期为2012年5月19日。服刑期间，该犯遵守监规纪律，努力学习，积极劳动，有认罪服法表现，一贯表现好。2009年11月分监区根据其改造表现，对其呈报离监探亲，经监区审查、狱政科审核，监狱批准，同意其离监探亲5天，时间自2009年11月20日起至2009年11月24日止。该犯探亲的对象是妻子范某，家住山东省济南市星华小区6栋2单元202号。

根据以上材料制作《罪犯离监探亲审批表》。

4. 罪犯黄某某，男，1980年5月16日出生，犯抢劫罪，2005年5月被法院判处无期徒刑。同年6月送某省某监狱二监区一分监区服刑。2007年12月该犯被法院裁定减为有期徒刑20年。2014年8月10日上午8时在工场劳动期间，罪犯质量员吕某某在对黄某某制作的产品进行检验时，发现不合质量要求，要求其重新返工。黄某某认为是吕某某有意与他过不去、刁难他，拒绝返工。吕某某对黄某某说："你不愿意返工，我只有汇报警官了。"黄某某一听要汇报警官，顿时恼羞成怒，随手抡起拳头朝吕某某的头部击去，吕某某避让不及，脸部左颧骨被击中，造成3cm见方的肿块，并伴有皮下瘀血。后被现场巡查的民警及时制止。黄某某无视监规、公然打架的行为在罪犯中引起极其恶劣的影响，其行为已经符合禁闭的情形。

根据以上材料制作《罪犯禁闭审批表》。

⚠️实训提示

1. 由于给予罪犯离监探亲的奖励和对罪犯实施禁闭的处罚在程序上不同于其他普通的行政奖惩，《罪犯离监探亲审批表》和《罪犯禁闭审批表》具体填写的栏目也区别于给予罪犯表扬、记功的《罪犯奖励审批表》和警告、记过的《罪犯处罚审批表》。另外，作为行政奖励的表扬和记功，二者在奖励依据的"事实根据"上的差别，希望同学们在实训时注意把握。

2. 《罪犯离监探亲审批表》中没有设置"分监区意见"栏，可将"离监探亲事由"栏视为同时表达事由和分监区呈报意见的栏目。离监探亲的人选最初应由分监区民警会议讨论，也只有分监区对罪犯的改造表现最有发言权，其意见应是其他各部门作出审批意见的基础。但关于离监探亲的期限注意应由狱政科而非分监区或监区给予建议，一般表述为："经审核，同意监区意见，建议离监探亲×天，自××年××月××日起至××年××月××日止。审批表最后由主管监狱长批准离监探亲奖励及期限。"

3. 《罪犯禁闭审批表》中"申请依据"一栏主要填写对罪犯实施禁闭的事实依据和法律依据；"申请期限"栏也可视为"分监区意见"栏，分监区意见内容即是对禁闭处罚及其期限的提请；"解除禁闭情况"栏目中的"批准人"与"监狱意见"的签署人都是主管监狱长给予最终批准。

4. 注意在制作本章所涉及监狱执法文书的过程中，进行"签字"时既要有姓名也既有职务的写明。

第五章 罪犯减刑（假释）类执法文书

本章导读

　　本章主要围绕减刑和假释两大刑事奖励，对此类相关执法文书的使用和制作进行阐释。包括监狱内部的《罪犯减刑审核表》和《罪犯假释审核表》；监狱对外的《提请减刑建议书》、《提请假释建议书》、《假释人员通知书》和《假释证明书》。《罪犯减刑（假释）审核表》是由罪犯服刑的监区或直属分监区填写，逐级报请狱内刑罚执行部门、减刑（假释）评审委员会、监狱长办公会议（或省监狱管理局）审核批准的执法文书。《提请减刑（假释）建议书》是监狱将本机关对罪犯的减刑或假释意见宣示和知照给人民法院的法律文书，它在监狱与法院之间起纽带作用。《罪犯减刑（假释）审核表》是监狱《提请减刑（假释）建议书》的前提和基础，必须先有狱内的审核表才能制作对外的建议书。

第一节　罪犯减刑（假释）工作规程

一、适用范围及法律依据

　　减刑是监狱对被判处有期徒刑、无期徒刑、死刑缓期二年执行的罪犯，在刑罚执行期间，由于达到了减刑的法定条件，依照一定程序经人民法院裁定依法将原判刑罚适当减轻的一种刑罚制度。假释是对被判处有期徒刑、无期徒刑的罪犯，由于达到了假释的法定条件，依照一定程序，经人民法院裁定，有条件地予以提前释放的刑罚制度。

　　我国《刑法》对普通减刑、假释以及死缓变更规定了严格的条件和限制：

　　第78条规定：被判处管制、拘役、有期徒刑、无期徒刑的犯罪分子，在执行期间，如果认真遵守监规，接受教育改造，确有悔改表现的，或者有立功表现的，可以减刑；有下列重大立功表现之一的，应当减刑：①阻止他人重大犯罪活动的；②检举监狱内外重大犯罪活动，经查证属实的；③有发明创造或者重大技

术革新的；④在日常生产、生活中舍己救人的；⑤在抗御自然灾害或者排除重大事故中，有突出表现的；⑥对国家和社会有其他重大贡献的。

减刑以后实际执行的刑期不能少于下列期限：①判处管制、拘役、有期徒刑的，不能少于原判刑期的 1/2；②判处无期徒刑的，不能少于 13 年；③人民法院依照本法第 50 条第 2 款规定限制减刑的死刑缓期执行的犯罪分子，缓期执行期满后依法减为无期徒刑的，不能少于 25 年，缓期执行期满后依法减为 25 年有期徒刑的，不能少于 20 年。

第 81 条规定：被判处有期徒刑的犯罪分子，执行原判刑期 1/2 以上，被判处无期徒刑的犯罪分子，实际执行 13 年以上，如果认真遵守监规，接受教育改造，确有悔改表现，没有再犯罪的危险的，可以假释。如果有特殊情况，经最高人民法院核准，可以不受上述执行刑期的限制。对累犯以及因故意杀人、强奸、抢劫、绑架、放火、爆炸、投放危险物质或者有组织的暴力性犯罪被判处 10 年以上有期徒刑、无期徒刑的犯罪分子，不得假释。

第 50 条规定：判处死刑缓期执行的，在死刑缓期执行期间，如果没有故意犯罪，2 年期满以后，减为无期徒刑；如果确有重大立功表现，2 年期满以后，减为 25 年有期徒刑；如果故意犯罪，查证属实的，由最高人民法院核准，执行死刑。

对罪犯实行减刑、假释的刑罚制度，充分体现了"惩罚与改造相结合，以改造人为宗旨"的监狱工作方针，对调动罪犯改造的积极性具有十分强烈的激励作用。同时，罪犯减刑、假释工作与罪犯及其亲属的切身利益密切相关，得到社会各界的高度关注。为此，监狱应当严格依照《中华人民共和国刑法》、《中华人民共和国刑事诉讼法》和《中华人民共和国监狱法》以及最新的减刑、假释有关规定，严格依照法定条件和法定程序认真做好罪犯的减刑、假释工作。

二、监狱提请罪犯减刑、假释工作规程示意图

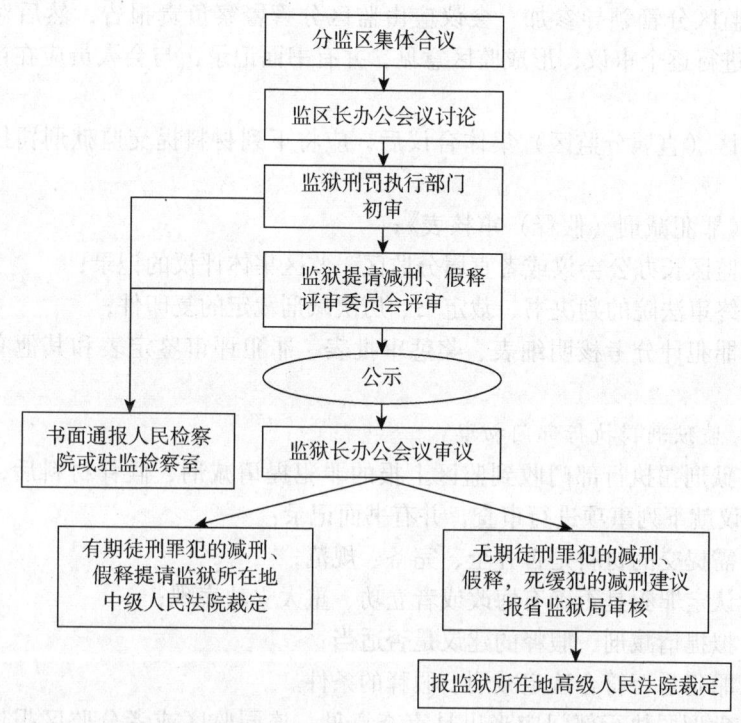

三、减刑、假释工作规程操作要点

（一）分监区集体合议

1. 在分监区集体合议前，由分监区分管警察对所分管罪犯的情况进行排摸，掌握符合呈报减刑、假释条件罪犯的情况，并整理呈报材料。

2. 由分监区长主持，召开分监区全体警察会议，并对罪犯减刑、假释进行合议。在合议中由分管警察根据法律规定的条件，结合罪犯的表现与考核情况，逐个报告，然后集体合议拟呈报减刑、假释的罪犯是否符合减刑、假释条件和减刑的幅度，形成分监区的集体意见。对合议情况应全面记录，并由与会人员签名。

3. 直属分监区或者未设分监区的监区，按照上述要求由全体警察集体评议，提出减刑、假释建议，报送监狱刑罚执行部门审查。

（二）监区长办公会议讨论

1. 召开监区长办公会议前，应由监区分管刑罚执行工作的警察对各分监区上报的拟呈报减刑、假释罪犯的材料进行初审。

2. 监区长办公会议由监区长主持，监区全体领导、监区分管刑罚执行的警察以及分监区分管领导参加。会议应由监区分管警察负责报告，然后对罪犯减刑、假释进行逐个审议，形成监区意见，并有书面记录，与会人员应在记录本上签名。

3. 监区（直属分监区）集体合议后，应将下列材料提交监狱刑罚执行部门初审：

（1）《罪犯减刑（假释）审核表》；

（2）监区长办公会议或者直属分监区、监区集体评议的记录；

（3）终审法院的判决书、裁定书、历次减刑裁定的复印件；

（4）罪犯计分考核明细表、奖惩审批表、罪犯评审鉴定表和其他有关证明材料。

（三）监狱刑罚执行部门初审

1. 监狱刑罚执行部门收到监区上报的罪犯提请减刑、假释材料后，应当召开科务会议就下列事项进行审查，并有书面记录：

（1）需提交的材料是否齐全、完备、规范；

（2）认定罪犯是否确有悔改或者立功、重大立功表现；

（3）拟提请减刑、假释的建议是否适当；

（4）罪犯是否符合法定减刑、假释的条件。

2. 监狱刑罚执行部门应当出具审查意见，连同监区或者分监区报送的材料一并提交监狱提请减刑、假释评审委员会评审。同时，将拟提请减刑、假释罪犯的名单及相关材料送人民检察院驻监检察室。

（四）提请监狱减刑、假释评审委员会评审

1. 监狱应当成立提请减刑、假释评审委员会。由主管副监狱长及刑罚执行、狱政管理、教育改造、生活卫生、狱内侦查、监察等有关部门负责人组成，主管副监狱长任主任。监狱提请减刑、假释评审委员会不得少于7人，并邀请人民检察院驻监检察室派员列席。

2. 监狱提请减刑、假释评审委员会会议由主管副监狱长主持召开。由刑罚执行部门初审人负责报告，然后对刑罚执行部门提交的减刑、假释建议进行评审。评审的重点是职务犯罪、破坏金融管理秩序和金融诈骗犯罪、组织（领导、参加、包庇、纵容）黑社会性质组织犯罪等罪犯的减刑或假释的情况。会议应当有书面记录，并由与会人员签名。

（五）公示

1. 经监狱提请减刑、假释评审委员会评审后，应当将拟提请减刑、假释罪犯的名单以及减刑、假释意见在监狱内公示。公示期限为 7 个工作日。

2. 公示期内，如有警察或者罪犯对公示内容提出异议，监狱提请减刑、假释评审委员会应当进行复核，并告知复核结果。

（六）监狱长办公会议审议决定

1. 监狱长办公会议由监狱长主持，监狱长办公会议组成成员和刑罚执行部门负责人参加。会议重点审查职务犯罪、破坏金融管理秩序和金融诈骗犯罪、组织（领导、参加、包庇、纵容）黑社会性质组织犯罪等罪犯的减刑或假释建议。会议应有书面记录，与会人员应当签名。

2. 经监狱长办公会决定提请减刑、假释的，由监狱长在《罪犯减刑（假释）审核表》上签署意见，加盖监狱公章。

3. 由刑罚执行部门根据法律规定制作《提请减刑建议书》或者《提请假释建议书》。

（七）监狱在向人民法院提请减刑、假释的同时，应当将提请减刑、假释的建议送人民检察院驻监检察室

（八）有期徒刑罪犯的减刑、假释提交监狱所在地的中级人民法院裁定。监狱应当提交以下材料

1.《提请减刑建议书》或者《提请假释建议书》；

2. 终审法院判决书、裁定书、历次减刑裁定书的复印件；

3. 罪犯确有悔改或立功、重大立功表现的具体事实的书面证据材料；

4. 罪犯评审鉴定表、奖惩审批表。

（九）对被判处无期徒刑罪犯减刑、假释的建议和被判处死刑缓期二年执行罪犯的减刑建议报省、自治区、直辖市监狱管理局审核

1. 省、自治区、直辖市监狱管理局收到监狱报送的提请减刑材料后，应当由主管副局长召集刑罚执行（狱政管理）等部门进行审核。审核中发现监狱报送的材料不齐全或者有疑义的，应当通知监狱补交有关材料或者作出说明。

2. 监狱管理局主管副局长主持完审核后，应当将审核意见报请局长审定；对重大案件或者有其他特殊情况罪犯的减刑问题，可以建议召开局长办公会议审议决定。

3. 监狱管理局审核同意对罪犯提请减刑的，由局长在《罪犯减刑审批表》上签署意见，加盖监狱管理局公章。

（十）经监狱管理局审核同意的无期徒刑罪犯的减刑、假释和死刑缓期二年执行罪犯的减刑，由监狱所在地的高级人民法院裁定

除提交本程序（八）所列的材料外，还应当同时提交省、自治区、直辖市

监狱管理局签署意见的《罪犯减刑（假释）审核表》。

第二节　罪犯减刑审核表

一、《罪犯减刑审核表》的概念

该文书是由罪犯服刑的监区或直属分监区填写，并逐级报请监狱（或省监狱管理局）审核批准，提请人民法院对罪犯裁定予以减刑的表格式执法文书。

二、《罪犯减刑审核表》填写说明

1. "犯罪事实"栏需认真查阅刑事判决书（裁定书）填写，应包括犯罪人、时间、地点、手段、情节、结果等。

2. 改造表现从两个方面反映：一是定性概括。按照最高人民法院认定的"确有悔改表现"的四个方面有侧重的表述，突出的示例可以适当铺垫但要简洁。二是考核奖惩情况。把考核累积分、奖分、扣分情况，行政奖惩情况具体列明。罪犯受到违规扣分、行政处罚也是改造表现，况且现行办理罪犯减刑（假释）工作细则，对扣分达到一定程度、受到行政处罚的，有视情推迟呈报的规定。所以，反映改造表现一定要全面客观。

3. 备注栏要注明需说明的问题，如累犯、未成年犯、老病残犯等情况。

三、《罪犯减刑审核表》样表

罪犯减刑审核表

单位：山东省××监狱　　　　　　　　　　罪犯编号：37×××××××××

姓名	李××		别名	铁蛋	性别	男	文化程度	小学
籍贯	山东省××市××镇××村		民族	汉族	出生日期		1974 年 7 月 4 日	
家庭住址	山东省××市××镇××村							
罪名	抢劫罪、盗窃罪		刑种	有期徒刑	原判刑期		18 年	
刑期起止	自 2002 年 8 月 16 日 至 2020 年 8 月 15 日		附加刑		剥夺政治权利 3 年			
刑期变动	2005 年 4 月 8 日减刑 2 年，附加剥夺政治权利期限改为 2 年，刑期至 2018 年 8 月 15 日止。							
犯罪事实	1999 年冬至 2001 年 10 月，该犯伙同他人携带匕首等作案工具，先后在×县龙王庙等地，抢劫作案 6 起，抢劫物品以及现金 53 400 余元，国库券、债券 890 元，分得现金、物品折款 16 430 元。参与盗窃作案 1 起，盗窃现金以及物品折款 6600 余元，分得赃款 3200 余元。							

续表

改造表现	该犯在服刑改造期间，能够端正改造态度，明确改造方向，加快改造步伐，不断加深认罪悔罪的认识；日常改造中能严格遵守各项监规纪律，积极靠拢政府；接受教育改造，按时参加"三课"学习，学习认真，成绩优良；能搞好个人卫生和环境卫生，养成良好的生活卫生习惯；能积极参加生产劳动，出色完成各项改造任务。该犯现有考核积分140分，兑现记功奖励3次，被评为2012年度监狱级改造积极分子1次，确有悔改表现。
分监区意见	根据有关法律法规和该犯的改造表现，经分监区集体讨论，建议提请减刑2年。 （签字） 二〇一三年七月十一日
监区意见	经监区长办公会审查，情况属实，同意提请减刑2年。 （签字） 二〇一三年七月十四日
科室意见	经审核，同意提请减刑2年。 （签字） 二〇一三年七月二十二日
监狱意见	同意提请减刑2年。 （签章） 二〇一三年八月二日
监狱局意见	 （签章） 　　年　　月　　日
备注	

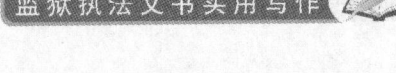

第三节　提请减刑建议书

一、《提请减刑建议书》的概念

该文书是监狱对具备了法定减刑条件的罪犯，提请人民法院裁定予以减刑时制作和使用的执法文书。

二、《提请减刑建议书》填写说明

1. 对提请减刑建议前执行刑期没有变动的，"服刑期间执行刑期变动情况"不填写。有变动的，在填写"服刑期间执行刑期变动情况"时要写明刑期截止日期。

2. "于××年××月××日送我监狱服刑改造"：时间应查入监时间，须与入监登记表上时间一致。

3. 提起减刑的事由有三种情况：一是确有悔改表现；二是有立功表现；三是有重大立功表现。前两种情况可表述为："该犯在近期确有悔改（立功）表现。"重大立功表现是法定应当减刑的情节，一般应当单独、及时地向法院呈报减刑。

罪犯悔改表现的填写主要包括四个方面：认罪服法、遵守监规、"三课"学习以及劳动改造，要有具体事例和相关数据进行说明和证明，最后需写明该犯获得奖励的情况，即获行政奖励次数，被评为积极分子的还应写明"并被评为×年度××级罪犯改造积极分子"。对罪犯重大立功事实或立功事实的叙述，要有完整的基本要素：时间、地点、人物、事件、原因、结果，不能有所遗漏。

对确有悔改并有立功表现的案由，如下概括："综上所述，该犯在考核期内，能认罪服法，严格遵守监规纪律，'三课'学习刻苦，成绩优良，劳动积极，年度被评为监狱改造积极分子。同时，勇于与违法犯罪行为作斗争，制止一起罪犯预谋脱逃的行为，确有悔改表现和立功表现。"

4. 写"人民法院"时，有期徒刑罪犯减刑填写"管辖的人民法院"，死缓犯和无期徒刑犯减刑则填写"××省高级人民法院"。

三、《提请减刑建议书》样表

提请减刑建议书

鲁×狱减建字［2013］1 号

罪犯<u>李××</u>，别名×××，<u>男</u>，<u>1974 年 7 月 4 日生</u>，汉族，<u>原户籍所在地山东省××市××镇××村</u>，因抢劫、盗窃罪经山东省××市中级人民法院于 2003

年5月10日以（2003）××刑初字第26号刑事判决书判处有期徒刑18年，附加剥夺政治权利3年，于2003年10月16日送××监狱服刑改造。服刑期间执行刑期变动情况：2005年4月8日减刑2年，附加剥夺政治权利期限改为2年，刑期至2018年8月15日止。

该犯在近期确有悔改表现，具体事实如下：

该犯自服刑以来，能够端正改造态度，明确改造方向，加快改造步伐，不断加深认罪悔罪的认识。认识到："自己的行为给受害人带来了不幸和痛苦，我认罪服判，自觉改造，争取早日回归社会做一名对社会有益的守法公民。"（见卷A34～35页）

该犯能严格遵守各项监规纪律，积极靠拢政府，以实际行动改造自己的犯罪思想，如：2011年11月5日，罪犯井某某在查铺后私串监室，该犯及时制止，并把情况汇报给警察。（见卷B11页）

该犯能够积极参加政治、文化、技术课的学习，遵守学习纪律，学习态度端正，按时完成老师布置的作业，各科考试成绩优良。该犯能搞好个人卫生和环境卫生，养成良好的生活卫生习惯。（见卷B11页）

该犯能积极参加劳动，出色完成警察交给的各项劳动任务。自从担任绞车司机以来，到达工作地点后，及时检查小绞车的稳固情况，小绞车制动闸和工作闸是否完好，钢丝绳是否无变形。操作时与信号工配合密切，集中精力，发现问题及时处理，保证了生产的正常运转。（见卷B11页）

综上所述，该犯在服刑改造期间，认罪服法，服从管教。自觉遵守行为规范，积极参加"三课"学习和生产劳动，现有考核积分140分，兑现记功奖励三次（见卷B9～12页），被评为2012年度监狱级改造积极分子一次（见卷C1～4页），确有悔改表现。

为此，根据《中华人民共和国监狱法》第29条、《中华人民共和国刑法》第78条、第79条、《中华人民共和国刑事诉讼法》第262条的规定，建议对罪犯李××予以减刑2年。特提请裁定。

此致

山东省××市中级人民法院

（公章）

二〇一三年八月二日

附：罪犯李××卷宗材料共3卷5册106页。

 **第四节** 罪犯假释审核表 ....

一、《罪犯假释审核表》的概念

该文书是由罪犯服刑的监区或直属分监区填写，并逐级报请监狱（或省监狱管理局）审核批准，对罪犯提请人民法院裁定予以假释的表格式执法文书。

二、《罪犯假释审核表》填写说明

注意《罪犯减刑审核表》与《罪犯假释审核表》填写上的区别与相同之处。

三、《罪犯假释审核表》样表

罪犯假释审核表

单位：山东省××监狱　　　　　　　罪犯编号：37×××××××××

姓名	张××		别名	无	性别	男	文化程度	小学
籍贯	山东省××县××乡××村		民族	汉族	出生日期		1976 年 3 月 3 日	
家庭住址		山东省××县××乡××村						
罪名	盗窃罪		刑种	有期徒刑	原判刑期		9 年	
刑期起止	自 2008 年 4 月 5 日 至 2017 年 4 月 4 日		附加刑		无			
刑期变动	2010 年 7 月 11 日被××市中级人民法院减刑 8 个月；刑期至 2016 年 8 月 4 日							
犯罪事实	2007 年 6 月~2007 年 12 月，该犯伙同他人先后窜至××县城内、××镇等地，参与盗窃作案 7 起，盗得电动车、手机等物品价值 23 400 余元，分得赃款 6430 元。							
改造表现	该犯在服刑期间，认罪服法，能正确认识其犯罪的思想根源及其犯罪行为的社会危害性，改造态度端正；能严格遵守各项监规纪律，杜绝了违规违纪现象的发生；能按时参加政治、文化、技术课学习和各项集体活动，学习中认真听讲，按时完成作业，各门成绩较好；能够自觉遵守生活卫生规范及物品管理制度，个人内务及环境卫生达到标准化要求，多次受到奖励；该犯积极参加劳动，服从分配，听从安排。在监狱罪犯生产门规范岗的改造岗位上，能够严格遵守规章制度，积极协助队长做好对岗区范围内的监督检查，防止危险、违禁物品流入监狱。 该犯现有考核积分 96.7 分，获记功奖励 2 次，被评为 2013 年度监狱级和 2014 年度监区级改造积极分子，确有悔改表现，假释后没有再犯罪危险。							
分监区意见	根据有关法律法规和该犯的改造表现，经分监区集体评议，建议对该犯予以假释。 <div align="right">（签字） 二〇一四年十二月十一日</div>							

续表

监区意见	经监区长办公会审查，情况属实，同意对该犯予以假释。 （签字） 二〇一四年十二月十四日
科室意见	经审核，同意提请假释。 （签字） 二〇一四年十二月二十一日
监狱意见	同意提请假释。 （签章） 二〇一五年一月二日
监狱局意见	 （签章） 年　　月　　日
备注	

第五节　提请假释建议书

一、《提请假释建议书》的概念

该文书是监狱对具备了法定假释条件的罪犯，依法提请人民法院予以假释时制作和使用的执法文书。

二、《提请假释建议书》填写说明

注意《提请假释建议书》与《提请减刑建议书》填写上的区别与相同之处。

三、《提请假释建议书》样表

提请假释建议书

鲁×狱假建字〔2015〕1 号

　　罪犯张××，男，1976 年 3 月 3 日生，汉族，原户籍所在地山东省××县××乡××村，因盗窃罪经山东省××县人民法院于 2008 年 6 月 22 日以 (2008) ×刑初字第 37 号刑事判决书判处有期徒刑 9 年，刑期自 2008 年 4 月 5 日至 2017 年 4 月 4 日止，于 2008 年 7 月 9 日送监狱服刑改造。服刑期间执行刑期变动情况：2010 年 7 月 11 日被山东省××市中级人民法院减刑 8 个月，刑期至 2016 年 8 月 4 日。

　　该犯在近期确有悔改表现，具体事实如下：

　　该犯自服刑以来，能够认罪服法，服从管理，深挖犯罪根源，能够认识到自己犯罪的严重性和危害性，痛恨自己的犯罪给社会带来的危害，能够认罪、悔罪，认真接受教育改造。（见卷 A2 页）

　　该犯能够严格遵守监规纪律，严格依照《监狱服刑人员行为规范》来要求、约束自己的一言一行。讲文明礼貌，尊敬队长，团结他犯，不说脏话、粗话，大胆检举揭发他犯的违纪行为，自己做到无严重违纪行为。（见卷 B1 页）

　　该犯积极参加"三课"学习，抱定完成改造任务出狱后有一技之长，立足社会不再犯罪的信念，该犯从无迟到、早退、旷课现象，遵守课堂纪律，按时完成作业，爱护教学用具，在历次的考试中各门成绩较好。（见卷 C7 页）

　　该犯积极参加劳动，决心用辛勤的汗水洗刷灵魂的污垢，创造丰硕的成果以弥补过去的损失，自投入改造以来，不怕脏，不怕累，做到吃苦在前，见困难就上。该犯在监狱罪犯生产门规范岗的改造岗位上，能够认真遵守岗位纪律，严格遵守规章制度，积极协助队长做好对岗区范围内的监督检查，并对过往车辆、人员进行细致的清查，防止危险、违禁物品流入监狱，保证了岗位安全。该犯讲究文明礼貌，不讲脏话、粗话，注意个人卫生和环境卫生，内务卫生在检查中多次受到奖励。（见卷 D3 页）

　　综上所述，该犯在近期服刑期间，能够认罪服法，服从管理，遵守监规，接受教育改造；积极参加"三课"学习，按时参加劳动，较好地完成劳动任务。该犯现有考核积分 96.7 分，获记功奖励二次，被评为 2013 年度监狱级和 2014 年度监区级改造积极分子，确有悔改表现，假释后没有再犯罪危险。

　　为此，根据《中华人民共和国监狱法》第 32 条、《中华人民共和国刑法》第 81 条、《中华人民共和国刑事诉讼法》第 262 条的规定，建议对罪犯张××予以假释。特提请裁定。

　　此致
山东省××市中级人民法院

　　　　　　　　　　　　　　　　　　　　　　　（公章）
　　　　　　　　　　　　　　　　　　二〇一五年一月二日

附：罪犯张××卷宗材料共 4 卷 5 册 46 页。

第六节　假释证明书

一、《假释证明书》的概念

该文书是罪犯被人民法院依法裁定假释，监狱按期假释时出具的证明文书。

二、《假释证明书》填写说明

1. 《监狱法》第 33 条第 1 款规定："人民法院裁定假释的，监狱应当按期假释并发给假释证明书。"《假释证明书》既是罪犯被假释出监时验证的重要法律文书，也是假释人员回原籍办理户籍登记必需的证明文书。

2. 假释考验期的填写。假释证明书的三联中均有假释考验期这一重要栏目，填写时应以裁定书确定的假释考验期为准。

3. 文书经核对无误后，分别在正本、副本的落款日期及中缝发文字号处加盖监狱公章。文书的成文日期为人民法院裁定假释之日。

4. 罪犯被假释时，经办民警将假释证明书的正本、副本交给被假释罪犯。存根联设有"被假释人"签名栏目，在被假释出监当日发给其假释证明书时，应由被假释人在该栏目处签名，文盲的可代签，本人捺手印，并注明收到假释证明书正本、副本的时间，以示上述证明文书收悉。

三、《假释证明书》样表

假释证明书（存根）

鲁×狱假证字〔2013〕86号

姓名　李×
性别　男
出生日期　1986年9月25日
原户籍所在地　山东省××县××乡派出所
原判法院　××县人民法院
罪名　抢劫罪
刑种　有期徒刑
原判刑期　8年自2008年1月21日起至2016年1月20日止，附加罚金2000元
执行期间刑种、刑期变动情况：
2011年1月减刑1年

假释考验期　自2013年8月2日起至2015年1月20日止
假释后住址　山东省××县××乡××村三组

填发人　×××
审核人　×××
填发日期　2013年8月2日

本假释证明书和副本已发给我。
被假释人　李×（签名）
2013年8月2日

假释证明书

鲁×狱假证字〔2013〕86号

兹有李×，男，1986年9月25日生，原户籍所在地山东省××县××乡派出所，因抢劫罪于2008年9月16日经××县人民法院判处有期徒刑8年，附加罚金2000元。现依据××市中级人民法院裁定，予以假释。假释考验期自2013年8月2日起至2015年1月20日止。
特此证明。

鲁×狱假证字（贰零壹叁）捌拾陆号

（公章）
二〇一三年八月二日

注意事项：此页由被假释人保存。

假释证明书（副本）

鲁×狱假证字〔2013〕86号

兹有李×，男，1986年9月25日生，原户籍所在地山东省××县××乡派出所，因抢劫罪于2008年9月16日经××县人民法院判处有期徒刑8年，附加罚金2000元。现依据××市中级人民法院裁定，予以假释。假释考验期自2013年8月2日起至2015年1月20日止。
特此证明。

（公章）
二〇一三年八月二日

注意事项：

1. 持证人必须在2013年8月9日以前将本证明书副本送达××县××乡派出所办理户口登记手续。

2. 本证明书私自涂改无效。

第七节 假释人员通知书

一、《假释人员通知书》的概念

该文书是监狱把假释罪犯的出监时间、改造表现评估、奖惩情况、矫正建议等信息告知当地社区矫正执行机构的执法文书。

二、《假释人员通知书》填写说明

1. 假释考验期的填写要严格依据人民法院的假释裁定书上载明的起止日期填写。

2. 对罪犯改造表现的评估，应当由分监区警察会议共同确定，定性要准，要与文书中反映的奖惩情况吻合。

3. 该文书的成文日期为罪犯假释出监日期，加盖监狱公章。

三、《假释人员通知书》样表

假释人员通知书
（存根）
鲁×狱假通字〔2013〕86号

姓名　李×
性别　男
出生日期　1986年9月25日
原户籍所在地　山东省××县××乡派出所
罪名　抢劫罪
原判刑期　有期徒刑8年
原判起止　2008年1月21日~2016年1月20日
附加刑　罚金2000元
执行期间刑种、刑期变动情况　2011年1月减刑1年
通知发往单位　山东省××县公安局、司法局
通知发出时间　2013年8月2日
填发人　×××

（公章）
二○一三年八月二日

鲁×狱假通字〔贰零壹叁〕捌拾陆号

假释人员通知书
鲁×狱假通字〔2013〕86号

山东省××县司法局：

你县××乡××村李×因犯抢劫罪于2008年9月16日被判处有期徒刑8年。于2008年10月11日起在监狱服刑，现依据山东省××市中级人民法院裁定，予以假释。假释考验期限自2010年8月2日起至2015年1月20日止。服刑期间，其表现较好。曾受过表扬1次，记功4次，评为积极分子1次，减刑1次1年。释放后，建议作为重点人员帮教。请接此通知后，做好社区矫正工作准备。

（公章）
二○一三年八月二日

鲁×狱假通字〔贰零壹叁〕捌拾陆号

假释人员通知书
鲁×狱假通字〔2013〕86号

山东省××县公安局：

你县××乡××村李×因犯抢劫罪于2008年9月16日被判处有期徒刑8年。于2008年10月11日起在监狱服刑，现依据山东省××市中级人民法院裁定，予以假释。假释考验期限自2013年8月2日起至2015年1月20日止。服刑期间，其表现较好。曾受过表扬1次，记功4次，评为积极分子1次，减刑1次1年。释放后，建议作为重点人员帮教。请接此通知后，做好监督管理工作准备。

（公章）
二○一三年八月二日

实训项目

　　1. 罪犯张某某，男，1984年2月5日出生，汉族，原户籍所在地浙江省××市常津区青藤乡派出所，犯盗窃罪，2007年1月20日被常津区人民法院以（2007）常法刑初字第5号刑事判决书判处有期徒刑15年，附加罚金1万元，刑期自2006年3月8日起至2021年3月7日止，2007年2月1日送浙江省某监狱服刑。服刑期间刑期变动情况：2009年3月、2011年5月因确有悔改表现，分别被裁定减刑1年、1年3个月。

　　罪犯张某某在考核期内确有悔改和立功表现。

　　悔改表现事实：能认罪服法，深挖犯罪根源，多次表示对犯罪行为的追悔。作为改积委纪律组长能带头严格遵守监规纪律，大胆制止其他罪犯的违规行为。三课学习认真，成绩良好，平均成绩达到85分。兼任分监区文化扫盲班教师，教学成果明显。踊跃投稿，累计投稿数25篇。积极参加劳动，超工时1300小时，分监区罪犯中名列第二。节约原辅材料价值500余元，取得提高产品质量的技术革新成果一项。取得的主要改造成绩：获得监狱单项表扬1次、记功1次；2011年度被评为记功，2012年度被评为监狱级改造积极分子；考核累积分360分。

　　立功表现事实：劳动期间罪犯质量员孔某批评罪犯余某某对产品质量弄虚作假，余某某恼羞成怒，随手操起一根铁棍向孔某的头部挥去，站在一旁的张某某见此情形冲上前去，用双手抓住余某某抡起铁棒的双臂，阻止了一起即将发生的惨剧。罪犯张某某立功事实的具体细节及相关证据：时间：2012年12月5日上午10时15分；地点：劳动现场；肇事罪犯使用的凶器：一根直径3.5厘米、长80厘米的铁棒；证人证言：现场值班民警李某的证言。现场目击罪犯王某某的证言。

　　罪犯张某某的改造表现、考核周期、考核累计分已符合法定呈报减刑的条件，经分监区集体评议，监区长办公会审核，监狱提请减刑假释评审委员会评审，2013年10月25日监狱长办公会决定提请人民法院裁定减刑1年9个月。

　　根据以上材料制作《提请减刑建议书》。

　　2. 罪犯郝某某，男，1979年8月25日，汉族，原户籍所在地浙江省××市长安区朝鸣派出所，犯职务侵占罪，2005年1月20日被长安区人民法院以（2005）长法刑初字第5号刑事判决书判处有期徒刑15年，附加罚金3万元，刑期自2004年3月8日起至2019年3月7日止，2005年2月1日送浙江省某监狱服刑。服刑期间刑期变动情况：2007年3月、2009年5月、2011年7月因确有悔改表现，分别被裁定减刑1年、1年1个月、1年2个月。

罪犯郝某某在考核期内确有悔改表现，主要事实有：能认罪服法，深挖犯罪根源，对自己的犯罪行为表示追悔，并愿意接受法律的惩处。严格遵守监规纪律，自觉维护监管秩序，服从管教，听从指挥，敢于监督其他罪犯的违规行为。"三课"学习认真，成绩良好，平均成绩达到87分。积极发挥文艺特长，担任改积委文体组长，能配合分监区开展多项有益的文娱活动，丰富罪犯业余文化生活。劳动态度端正，作为产品质量检验员，能做到不讲情面，敢于碰硬，严把质量检验关。取得的主要改造成绩：获得监狱单项记功1次；2011年度被评为记功，2012年度被评为监狱级改造积极分子；考核累积分350分。

罪犯郝某某的犯罪性质、改造表现、考核周期、实际执行刑期均符合法定呈报假释的条件，经分监区集体评议，监区长办公会审核，监狱刑罚执行部门审查，监狱提请减刑假释评审委员会评审，2013年10月25日，经监狱长办公会决定提请人民法院裁定假释。

根据上述材料制作《提请假释建议书》。

3. 罪犯裴某某，别名铁蛋，男，大专学历，籍贯江苏南通，汉族，1982年9月4日出生，家庭住址浙江省××市龙湾区清名花苑10幢2单元304室，犯故意杀人罪，2007年6月16日被判处死刑缓期二年执行，附加剥夺政治权利终身，2007年6月30日送浙江省某监狱四监区一分监区服刑，2009年6月15日由死刑缓期二年执行减为无期徒刑，附加剥夺政治权利终身，2011年8月23日由无期徒刑减为有期徒刑20年，剥夺政治权利期限改为10年。2013年8月该犯考核周期已满，考核期内累积考核分320分，其中奖分50分，受到监狱单项表扬2次，2011、2012年度评比分别获得改造积极分子和记功奖励，考核分、改造表现均符合减刑条件。分监区根据减刑工作的规定，依照程序对该犯提起减刑建议，经2013年9月15日分监区民警会议集体评议，认为该犯确有悔改表现，建议提请减刑1年3个月，剥夺政治权利期限改为7年。

根据以上材料制作《罪犯减刑审核表》。

4. 罪犯牟某某，男，1983年5月16日出生，原户籍所在地浙江省××县长明乡派出所，因犯交通肇事罪，于2009年3月15日被××县人民法院判处有期徒刑7年，刑期自2008年8月10日起至2015年8月9日止，2009年3月26日送浙江省某监狱服刑。2011年3月减刑1年，2012年10月8日被××市中级人民法院裁定假释，假释考验期自2012年10月8日起至2014年8月9日止。

根据以上材料制作《假释证明书》。

实训提示

1. 制作《提请减刑建议书》和《提请假释建议书》不仅要注意形式上的区别（标题和发文字号不同），更要注意具体内容上的不同，制作者必须区别掌握《提请减刑建议书》和《提请假释建议书》的事实依据和法律依据。《提请假释建议书》的事由只限于悔改表现，而《提请减刑建议书》则包括悔改或立功两方面。另外，事实依据的书写必须要有具体事例和相关数据给予作证，只有这样，监狱方提出的减刑或假释建议才有可能被法院所采纳。

2. 作为《罪犯减刑（假释）审核表》，其应真实反映监狱内部逐级审核罪犯刑事奖励的整个工作流程，但审核表中却缺乏"监狱减刑、假释评审委员会意见"一栏，这应该是监狱执法文书制订者的疏忽。

第六章　罪犯暂予监外执行类执法文书

本章导读

　　本章所涉及的暂予监外执行仅指保外就医这种情况，其适用对象不包括怀孕或正在哺乳自己婴儿的妇女以及生活不能自理的罪犯。按照办理保外就医的工作流程，本章监狱执法文书从《罪犯病残鉴定表》开始，后续不同阶段制作并使用相应的《罪犯暂予监外执行取保书》、《罪犯暂予监外执行审批表》、《罪犯暂予监外执行证明书》和《暂予监外执行收监执行决定书》等文书。2012 年 12 月 26 日发布的六机关《刑事诉讼法实施规定》以及 2014 年 12 月 1 日颁布施行的《暂予监外执行规定》都强调规定：被收监执行的罪犯有法律规定的不计入执行刑期情形的，所在监狱应当及时向所在地的中级人民法院提出不计入执行刑期的建议书，人民法院应当自收到建议书之日起 1 个月以内依法对罪犯的刑期重新计算作出裁定。这就决定了以前由省监狱管理局最终批准使用的《暂予监外执行期间不计入刑期审批表》已经退出了历史的舞台。

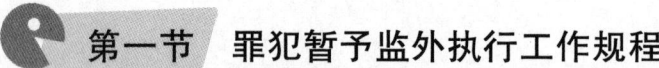

第一节　罪犯暂予监外执行工作规程

一、适用范围及法律依据

　　暂予监外执行是指对于被判处无期徒刑、有期徒刑或者拘役的罪犯，由于符合法定情形，决定暂不收监或者收监以后又决定改为暂时监外服刑，由司法局负责执行的刑罚执行制度。

　　保外就医是暂予监外执行的一种。根据法律规定，被判处有期徒刑或者拘役的罪犯有下列情形之一的，可准保外就医：身患严重疾病的；身体残疾、生活难以自理的；年老多病，已失去危害社会可能。保外就医保障了监狱里的罪犯接受治疗的权利，是一种制度关怀，这也体现了对人的生命的尊重。

　　2013 年，随着《中华人民共和国刑事诉讼法》和《中华人民共和国监狱法》

的修订实施，我国部分省、市相关部门率先相继印发了具有地方性的《罪犯暂予监外执行实施办法》。最近，国家司法部会同最高人民法院、最高人民检察院、公安部、国家卫生计生委五部门联合印发了《暂予监外执行规定》，自 2014 年 12 月 1 日起施行。《规定》认真贯彻落实党的十八届三中、四中全会精神，认真贯彻"宽严相济"刑事政策，落实修改后刑事诉讼法和中央政法委要求，针对暂予监外执行实践中存在的问题，进一步严格了执法标准、程序和责任，进一步强化了法律监督，进一步完善了人民法院、人民检察院、监狱、看守所分工负责、配合制约的体制机制。《规定》共 34 条，对暂予监外执行的适用范围、条件、程序以及各有关部门的工作职责、衔接和配合制约机制等作出了具体规定，并将《保外就医严重疾病范围》作为附件。监狱人民警察应当认真学习、把握此项规定，严格按照法律法规，认真做好暂予监外执行的管理工作。

二、办理罪犯暂予监外执行工作规程示意图

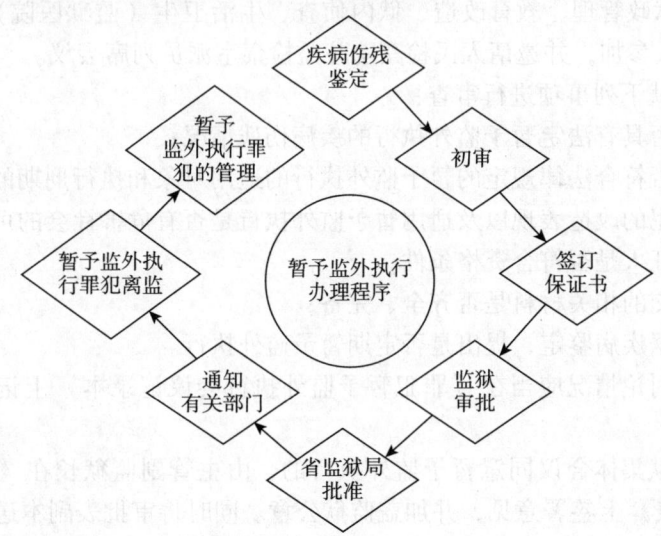

三、办理暂予监外执行工作规程操作要点

（一）疾病伤残鉴定

1. 经监狱分管领导批准，对拟呈报暂予监外执行的罪犯的疾病伤残情况送省级人民政府指定的医院进行鉴定。

2. 对疾病伤残鉴定的结论应当由鉴定医院出具证明文件，并加盖医院公章。

（二）部门初审

1. 对疾病伤残鉴定符合暂予监外执行条件的罪犯，由所在分监区（监区）

召开区务会集体讨论通过，报监狱狱政管理部门和生活卫生部门初审。

2. 狱政管理部门和生活卫生部门分别对拟呈报暂予监外执行的罪犯进行初审，并送人民检察院驻监检察室会审。

（三）与家属签订保证书

对经疾病鉴定符合暂予监外执行条件的罪犯，监狱应当通知其亲属签订《罪犯暂予监外执行保证书》。保证人应当具备以下基本条件：

（1）保证人一般为罪犯直系亲属或监护人；

（2）保证人应具备监护和教育暂予监外执行罪犯的能力；

（3）保证人应有固定的住所和一定的经济条件；

（4）保证人的资格由当地公安机关审查认定并签署相应意见。

（四）监狱审批

1. 对罪犯暂予监外执行由监狱组织集体合议。会议由主管副监狱长主持，刑罚执行、狱政管理、教育改造、狱内侦查、生活卫生（监狱医院）、监察等有关部门负责人参加，并邀请人民检察院驻监检察室派员列席会议。

2. 会议就下列事项进行审查：

（1）是否具有法定暂予监外执行的疾病伤残情况；

（2）是否符合法律规定的暂予监外执行的适用对象和执行刑期的有关规定；

（3）罪犯的改造表现以及适用暂予监外执行是否有危害社会的可能性；

（4）保证人是否符合资格条件；

（5）提交的相关材料是否齐全、完备；

（6）依据疾病鉴定，提出是否定期暂予监外执行。

3. 会议讨论情况应当在《罪犯暂予监外执行会议记录本》上记载，与会人员应当签名。

4. 经监狱集体合议同意暂予监外执行的，由主管副监狱长在《罪犯暂予监外执行审批表》上签署意见，并加盖监狱公章。同时将审批表副本送达人民检察院驻监检察室。

5. 罪犯暂予监外执行经监狱审查同意后应当报省、自治区、直辖市监狱管理局批准。呈报时监狱应当提交下列文件：

（1）医院疾病伤残鉴定文件；

（2）罪犯亲属的保证书及公安机关的证明；

（3）《罪犯暂予监外执行审批表》；

（4）终审人民法院的判决书、执行通知书、减刑裁定书等法律文书；

（5）人民检察院的《罪犯暂予监外执行检察机关监督意见表》。

（五）省、自治区、直辖市监狱管理局批准

1. 省、自治区、直辖市监狱管理局在收到监狱报送的提请罪犯暂予监外执行的材料后，由省局刑罚执行处和生活卫生处分别负责审核。审核中发现监狱报送的材料不齐全或者有疑义的，应当通知监狱补齐有关材料或者作出说明。

2. 省局刑罚执行处和生活卫生处审核后，应当将审核意见报请主管副局长审定。重要罪犯的暂予监外执行应召开局长办公会议审查决定。

3. 省局审核批准罪犯暂予监外执行的，由主管副局长在《罪犯暂予监外执行审批表》上签署意见（重要罪犯由局长签署意见），并加盖省监狱管理局公章。

（六）通知有关部门

1. 省监狱管理局批准罪犯暂予监外执行的，应将《罪犯暂予监外执行审批表》副本送达报请审批监狱，同时应当填写《罪犯暂予监外执行通知书》，依法通知罪犯或亲属居住地司法行政机关和原判人民法院，并抄送监狱所在地人民检察院。监狱应将《罪犯暂予监外执行审批表》、《暂予监外执行罪犯出监鉴定表》、人民法院判决书等复印件，同时送达罪犯或亲属所在地的司法行政机关和人民检察院。

2. 人民检察院认为对罪犯适用暂予监外执行不当的，应当自接到通知之日起1个月内，将书面意见递交批准暂予监外执行的省监狱管理局。省局接到人民检察院的书面意见后，应当立即对该决定进行重新核查。

（七）批准暂予监外执行的罪犯离监

1. 批准暂予监外执行罪犯离监前，监狱应当对其开展社区矫正的相关教育，书面告知其社区矫正的相关规定，为其办理出监手续，发给《罪犯暂予监外执行证明书》。

2. 暂予监外执行的罪犯由监狱押解至亲属居住地司法行政机关报到，办理有关材料及罪犯的交接手续。

3. 居住外省、自治区、直辖市的罪犯暂予监外执行的，由监狱将其押解回原居住地，与原居住地监狱管理局指定的接受监狱、当地派出所和社区矫正部门"三见面"，并办理档案及人员交接手续。

（八）对暂予监外执行罪犯的管理

1. 对暂予监外执行的罪犯，由居住地司法行政机关依法落实社区矫正措施，严格监督管理，及时掌握罪犯的病情和表现。

2. 监狱每年应当派员对暂予监外执行罪犯进行一次全面考察。派员考察时，应当与负责监督管理的司法行政机关联系并与罪犯本人和保证人见面。

3. 罪犯暂予监外执行期满前，经省人民政府指定的医院鉴定，证明其疾病

伤残仍然符合暂予监外执行伤残疾病条件的，由监狱提出意见，将相关材料报省、自治区、直辖市监狱管理局批准办理延长暂予监外执行期限手续，批准延长暂予监外执行期限的，监狱应当通知当地司法行政机关、原判人民法院和人民检察院驻监检察室。

4. 对暂予监外执行的罪犯，有下列情形之一的，应当及时收监：

（1）发现不符合暂予监外执行条件的；

（2）严重违反有关暂予监外执行监督管理规定的；

（3）暂予监外执行的情形消失后，罪犯刑期未满的。

社区矫正机构发现暂予监外执行罪犯依法应予收监执行的，应当提出收监执行的建议，经当地司法行政机关审核同意后，报批准机关进行审查作出收监执行决定的，并将有关的法律文书送达当地司法行政机关和原服刑或者接收其档案的监狱，并抄送同级人民检察院、公安机关和原判人民法院。

5. 罪犯在暂予监外执行期间发现有以下情形之一的，其暂予监外执行期间不计入执行刑期：

（1）不符合暂予监外执行条件的罪犯通过贿赂等非法手段被暂予监外执行的，在监外执行的期间不计入执行刑期；

（2）罪犯在暂予监外执行期间脱逃的，脱逃的期间不计入执行刑期。

对于监狱管理机关批准暂予监外执行的罪犯具有前款情形的，罪犯被收监后，所在监狱应当及时向所在地的中级人民法院提出不计入刑期的建议书，由人民法院审核裁定。2012 年 12 月 26 日发布的《最高人民法院、最高人民检察院、公安部、国家安全部、司法部、全国人大常委会法制工作委员会关于实施刑事诉讼法若干问题的规定》（简称"六机关《刑事诉讼法实施规定》"）进一步对人民法院、监狱、看守所办理暂予监外执行不计入执行刑期的程序和由人民法院审核裁定进行了规定，标志着暂予监外执行不计入执行刑期司法化的形成。

6. 对在暂予监外执行期间确有悔改或立功表现的罪犯，当地司法行政机关应当向罪犯原所在监狱出具证明材料，监狱可以向人民法院提出减刑建议。

7. 罪犯在暂予监外执行期间重新犯罪的，当地司法行政机关应先行羁押，及时通知罪犯原所在监狱，并提供相关证明材料，监狱应及时收监。

8. 罪犯在暂予监外执行期间死亡、迁移地址的，社区矫正机构应当及时通知监狱。

9. 对在暂予监外执行期间刑期届满的，由罪犯原所在监狱按期办理释放手续。

第二节　罪犯病残鉴定表

一、《罪犯病残鉴定表》的概念

该文书是由省级人民政府指定的医院，对病残罪犯的病残程度进行医学鉴定，确认是否符合病残标准的执法文书。

二、《罪犯病残鉴定表》填写说明

1. "病残情况"栏是对需要确诊的病残症状进行客观表述，同时借助医疗仪器的检查，记载检测报告。此描述的严重疾病必须符合 2014 年 12 月 1 日施行的最高人民法院、最高人民检察院、公安部、司法部、国家卫生计生委联合制定的《暂予监外执行规定》所附的《保外就医严重疾病范围》。

2. "病残鉴定意见"栏是对病残情况做出符合医学鉴定标准的病残结论，病残程度应具体指明符合哪一个标准和哪一款，病名、病残程度的填写必须使用医学术语。

3. 鉴定意见应明确、具体，由鉴定小组合议产生。鉴定人中需有 1 名医院院长（或副院长）和 2 名具有主治医师以上职称的医师。鉴定人应在相应的栏目中签名并注明职称和职务。

三、《罪犯病残鉴定表》样表

罪犯病残鉴定表

姓名	李××	性别	男		民族	汉族	出生日期	1981 年 2 月 15 日	
罪名	盗窃罪	刑种	有期徒刑	刑期	10 年	附加刑	无	文化程度	小学
家庭住址	山东省××县××镇××村								
有何病史	肺结核，肺萎缩病史。								
病残情况	既往有肺结核病史多年，咯血、呼吸困难，反复发作，2013 年 7 月曾在省警官总医院住院治疗，诊断为右肺萎缩性伴空洞，左肺肺结核，左侧代偿性肺气肿，经治疗无明显缓解。透视报告与上述诊断一致。								
病残鉴定意见	2014 年 5 月 6 日，省警官总医院诊断为右肺萎缩性伴空洞，左肺肺结核，左侧代偿性肺气肿，呼吸困难反复发作，肺功能明显减退。								
鉴定医师	姓名	职称	职务						
	白强	副主任医师	副院长						
	姬水	副主任医师	主任						
	何为	主治医师	副主任				（医院公章）　二〇一四年五月九日		

注：病残鉴定必须有 2 名主治医师以上职称的医师签名才能生效。

第三节　罪犯暂予监外执行取保书

一、《罪犯暂予监外执行取保书》的概念

该文书是由自愿为暂予监外执行罪犯具保的人填写的填充式文书。

二、《罪犯暂予监外执行取保书》填写说明

1. 具保人需亲笔签名或捺手印，登记身份证号码和联系电话。

2. 被保人签名需在省监狱管理局批准暂予监外执行之后办理。

三、《罪犯暂予监外执行取保书》样表

罪犯暂予监外执行取保书

我住在　山东省××县××镇××村××组302号　，在本村务农（工作），我与罪犯李××是父子关系。李××因患右肺萎缩性伴空洞，左肺肺结核，左侧代偿性肺气肿，呼吸困难反复发作，肺功能明显减退，拟请监狱机关批准予以暂予监外执行。我愿作为罪犯李××的具保人，帮助、督促他在暂予监外执行期间，遵纪守法，积极治疗，接受群众监督。如发现他有违法犯罪行为，我要及时予以制止，并立即向当地司法行政机关报告。

此致
山东省××监狱

具保人　李×（签名并按手印）
具保人身份证号：37××××××
具保人联系电话：0539－×××××××
被保人　李××（签名并按手印）
二〇一四年五月十日

第四节　罪犯暂予监外执行审批表

一、《罪犯暂予监外执行审批表》的概念

该文书是监狱依据有关法律规定，对拟呈报暂予监外执行的罪犯进行审查后，认为符合暂予监外执行条件而提请省监狱管理局进行审批的执法文书。

二、《罪犯暂予监外执行审批表》填写说明

1. "改造表现"由罪犯所在监区填写，要注明罪犯受奖情况。

2. "疾病鉴定意见及病保依据"由省政府指定医院的主治医师填写，不仅写明最终的疾病鉴定情况，而且还要写明因病暂予监外执行符合法律法规和《罪犯暂予监外执行疾病伤残范围》第几条第几款，但此栏目中不应提出暂予监外执行的建议。

3. 意见栏应填写是否同意暂予监外执行以及暂予监外执行期限等内容。主管领导应签字并加盖公章。

三、《罪犯暂予监外执行审批表》样表

罪犯暂予监外执行审批表

姓名	李××	性别	男	年龄	33	罪名	盗窃罪
原判刑期	10 年	起止日期	2006 年 10 月 9 日 2016 年 10 月 8 日			附加刑	无
刑期变动		2010 年 1 月减刑 1 年				余刑	1 年 5 个月
住址	山东省××县××镇××村			原工作单位及职务		本村务农	
主要犯罪事实	2005 年 8 月～2006 年 3 月，该犯伙同他人先后窜至××县城内、××镇等地，参与盗窃作案 17 起，盗得摩托车、录音机等物品价值 23 437 元。						
家庭主要成员姓名职业政治面貌	父亲：李×，本村务农，群众； 母亲：赵××，本村务农，群众； 哥哥：李××，本村务农，群众。						
具保人情况	姓名	李×	住址		山东省××县××镇××村		
	工作单位职务		本村务农	与罪犯的关系		父子	
改造表现	入监以来，该犯能遵守监规纪律，服从管理，接受教育改造，因患有肺结核病无法参加劳动改造。						
疾病鉴定意见及病保依据	2014 年 5 月 6 日，省警官总医院诊断为右肺萎缩性伴空洞，左肺肺结核，左侧代偿性肺气肿，呼吸困难反复发作，肺功能明显减退。根据司法部、最高人民检察院、公安部《罪犯保外就医执行办法》第 2 条第 2 款及《罪犯暂予监外执行疾病伤残范围》第 4 条的规定，符合暂予监外执行条件，建议对该犯予以暂予监外执行。 主治医师：××× （医院公章） 二〇一四年五月十一日						

续表

监狱意见	同意对罪犯李××予以暂予监外执行。 <div align="right">（签章） 二〇一四年五月十一日</div>
省监狱 局意见	同意。 <div align="right">（签章） 二〇一四年五月十二日</div>

 ## 第五节　罪犯暂予监外执行证明书

一、《罪犯暂予监外执行证明书》的概念

该文书是罪犯被依法批准暂予监外执行，监狱出具的证明其暂予监外执行情况的执法文书。

二、《罪犯暂予监外执行证明书》填写说明

1. 该文书是罪犯到居住地后向社区矫正机构报到的凭证，也是罪犯暂予监外执行的合法手续证明。

2. 此表有关内容填写要依据罪犯暂予监外执行审批表、取保书填写。

三、《罪犯暂予监外执行证明书》样表

罪犯暂予监外执行执行证明书

（存根）

鲁×狱保证字［2014］1 号

罪犯姓名 李××

性别 男

年龄 33 岁

罪名 盗窃罪

刑种 有期徒刑

刑期 10 年

刑期截止日期 自2006 年 10 月 9 日至2016 年 10 月 8 日止

原判法院 ××县人民法院

病情 右肺萎缩性伴空洞，左肺肺结核，左侧代偿性肺气肿，呼吸困难反复发作，肺功能明显减退。

家属姓名 李×

住址 山东省××县××镇××村

与罪犯关系 父子

职业及职务 务农

具保人姓名 李×

住址 山东省××县××镇××村

与罪犯关系 父子

职业及职务 务农

批准机关 山东省监狱管理局

填发人 ××

填发时间 2014 年 5 月 13 日

鲁×狱保证字〔贰零壹肆〕壹 号

罪犯暂予监外执行证明书

鲁×狱保证字［2014］1 号

罪犯李××，男，33 岁，于2001 年 3 月 9 日因盗窃罪，经山东省××县人民法院判处有期徒刑10 年，因确有悔改表现，2010 年 1 月减刑1 年，释放日期为2015 年 10 月 8 日。现因右肺萎缩性伴空洞，左肺肺结核，左侧代偿性肺气肿，呼吸困难反复发作，肺功能明显减退。根据《中华人民共和国刑事诉讼法》第254 条和《中华人民共和国监狱法》第25、27 条的规定，由其父亲李× 具保，经山东省监狱管理局批准，同意暂予监外执行1 年，自2014 年 5 月 13 日起至2015 年 5 月 12 日止。

特此证明。

（公章）

二〇一四年五月十三日

第六节　暂予监外执行收监执行决定书

一、《暂予监外执行收监执行决定书》的概念

该文书是对刑期未满的暂予监外执行罪犯，在暂予监外执行情形消失或产生其他法定事由后，监狱决定终止暂予监外执行予以收监执行的执法文书。

二、《暂予监外执行收监执行决定书》填写说明

1. 是填写式文书，共一纸四联，存根由监狱留存，其他分别送交罪犯居住地社区矫正机构、省监狱管理局、监狱所在地的人民检察院。

2. 收监事由。填写时根据具体的收监事由，将选项填入指定的空格内。

3. 成文时间。以监狱领导批示收监的日期为成文日期。

4. 副本的正文内容与正本一致，按指定的联在末行填入抄送机关名称。

三、《暂予监外执行收监执行决定书》样表

暂予监外执行收监执行决定书

（存根）

鲁×狱决字〔2014〕2 号

罪犯姓名　李××

性　别　男

年　龄　33 岁

罪　名　盗窃罪

刑　种　有期徒刑

刑　期　10 年

刑期起止日期　自 2006 年 10 月 9 日起至 2016 年 10 月 8 日止

刑期变动后刑满日期　2015 年 10 月 8 日

原判法院　山东省××县人民法院

住　址　山东省××县××镇××村

户籍所在地　山东省××县××镇派出所

批准（延长）暂予监外执行的时间　1 年

暂予监外执行的期间　自 2014 年 5 月 13 日起至 2015 年 5 月 12 日止

收监执行事由　严重违反有关暂予监外执行监督管理规定（未经社区矫正机构批准擅自外出）

收监执行日期　2014 年 11 月 8 日

发往单位　山东省××县司法行政机关

填发人　××

填发时间　2014 年 11 月 7 日

鲁×狱决字〔贰零壹肆〕贰　号

暂予监外执行收监执行决定书

鲁×狱决字〔2014〕2 号

山东省××县司法行政机关：

根据监狱掌握的情况或你局收监执行建议书建议〔（2014）加公建字第 1 号〕，被暂予监外执行罪犯李××，因在暂予监外执行期间有严重违反有关暂予监外执行监督管理规定（未经社区矫正机构批准擅自外出）情形，根据《中华人民共和国监狱法》第 28 条之规定，经研究，定于 2014 年 11 月 8 日对罪犯李××执行收监，请予协助。

罪犯李××住山东省××县××镇××村，户籍所在地山东省××县××镇派出所。

（公章）

二○一四年十一月七日

暂予监外执行收监执行决定书

鲁×狱决字［2014］2 号

山东省××县司法行政机关：

　　根据监狱掌握的情况或你局收监执行建议书建议［（2014）加公建字第 1 号］，被暂予监外执行罪犯李××，因在暂予监外执行期间严重违反有关暂予监外执行监督管理规定（未经社区矫正机构批准擅自外出）情形，根据《中华人民共和国监狱法》第 28 条之规定，经研究，定于 2014 年 11 月 8 日对罪犯李××执行收监，请予协助。

　　罪犯李××住山东省××县××镇××村，户籍所在地山东省××县××镇派出所。

（公章）

二〇一四年十一月七日

抄送：山东省监狱管理局

鲁×狱决字〔贰零壹肆〕贰 号

暂予监外执行收监执行决定书

鲁×狱决字［2014］2 号

山东省××县司法行政机关：

　　根据监狱掌握的情况或你局收监执行建议书建议［（2014）加公建字第 1 号］，被暂予监外执行罪犯李××，因在暂予监外执行期间严重违反有关暂予监外执行监督管理规定（未经社区矫正机构批准擅自外出）情形，根据《中华人民共和国监狱法》第 28 条之规定，经研究，定于 2014 年 11 月 8 日对罪犯李××执行收监，请予协助。

　　罪犯李××住山东省××县××镇××村，户籍所在地山东省××县××镇派出所。

（公章）

二〇一四年十一月七日

抄送：××人民检察院驻监检察室

实训项目

罪犯郧某某，男，汉族，1949 年 8 月 20 日出生，因犯贪污罪被嘉兴市秀水区人民法院判处有期徒刑 15 年，刑期自 2003 年 5 月 15 日起至 2018 年 5 月 14 日止，2004 年 2 月送某省某监狱服刑，2007 年 7 月因确有悔改表现被减刑 1 年 3 个月。2013 年 2 月经省监狱中心医院鉴定，该犯患有严重贫血并有贫血性心脏病、溶血危象、脾功能亢进其中一项，经规范治疗未见好转。符合暂予监外执行的疾病程度标准。现监狱决定依据法定程序对郧某某呈报暂予监外执行，2013 年 4 月 21 日经省监狱管理局批准，同意对该犯暂予监外执行 1 年，暂予监外执行的期间为 2013 年 4 月 25 日起至 2014 年 4 月 24 日止。

根据以上材料制作《暂予监外执行审批表》。

实训提示

司法部 2002 年 5 月在重新制订印发《监狱执法文书格式（试行）》时，只是公布了《暂予监外执行审批表》文书的名称，但没有公布该文书的格式。这就导致不同监狱管理局根据有关法规和本地区实际情况出台的《暂予监外执行审批表》在栏目设置上存在某些不统一。2011 年山东省监狱管理局在《刑罚执行文书规范》同样详细制定了《暂予监外执行审批表》的格式，即教材中《暂予监外执行审批表》的样表，但仔细观察审批表发现有些错误和缺陷，例如：分监区（监区）和狱政科的审批意见并没有体现在表中，导致暂予监外执行的期限也无法由狱政科给予建议提请。

第七章 警械具使用管理类执法文书

本章导读

　　我国《监狱法》第45条规定："监狱遇有下列情形之一的，可以使用戒具：①罪犯有脱逃行为的；②罪犯有使用暴力行为的；③罪犯正在押解途中的；④罪犯有其他危险行为需要采取防范措施的。前款所列情形消失后，应当停止使用戒具。"从法律规定可以看出，监狱使用戒具就其法律性质来说，是一种临时的强制性、防范性措施。使用戒具与行政处罚（包括禁闭）不同，其目的不是惩处，而是防范、控制，使用的时段应严格限定在法定情形存续期间。本章仅涉及一种监狱执法文书的使用与制作，即《使用戒具审批表》。《使用戒具审批表》与《罪犯禁闭审批表》在格式和填写要求上基本相同，主要原因在于二者都是对罪犯人身自由的限制，但限制的目的不同。

第一节 警械具使用管理工作规程

一、适用范围及法律依据

　　警械具是指人民警察按照规定使用装备的警棍、催泪弹、高压水枪、特种防暴枪、手铐、脚镣、警绳等警用器械。警械具可分为驱逐性、制服性警械（如警棍、催泪弹、高压水枪、特种防暴枪等）和约束性警械（如手铐、脚镣、警绳等）。本规程仅适用于警棍、手铐、脚镣和警绳的使用管理。

　　《中华人民共和国监狱法》、《中华人民共和国人民警察法》、《中华人民共和国人民警察使用警械和武器条例》对人民警察在执行公务时使用警械具的范围和要求作出了明确规定，监狱人民警察在执行公务时应当严格按照有关法律法规的规定准确使用警械具。

二、警械具使用管理工作规程示意图

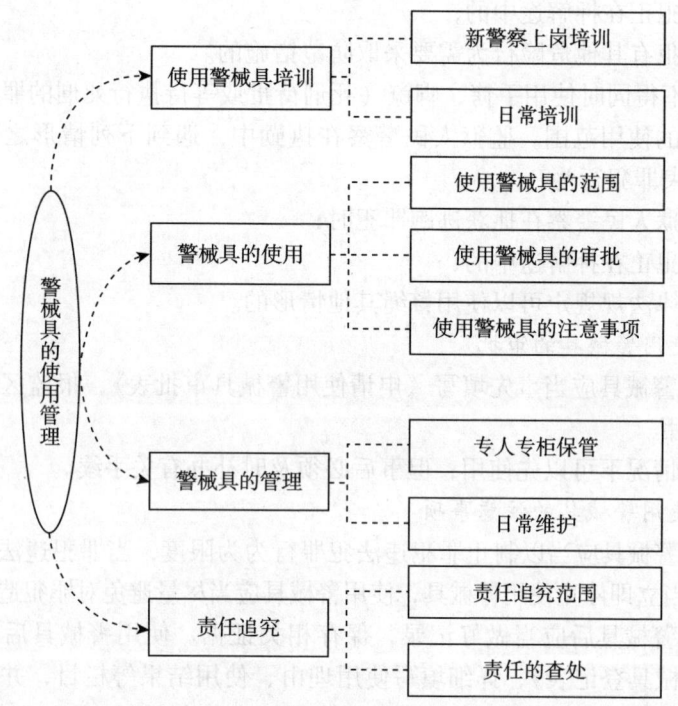

三、警械具使用管理工作规程操作要点

（一）使用警械具的范围

1. 警棍的使用范围。监狱人民警察在执行公务中，遇有下列情形之一的，经警告无效可以使用警棍：

（1）罪犯结伙斗殴、殴打他人、寻衅滋事、聚众哄闹、行凶暴乱或强行冲越人民警察为履行职责设置的警戒线的；

（2）警察受到罪犯暴力袭击，需要自卫的；

（3）罪犯以暴力方法抗拒或者阻碍人民警察依法履行职责的；

（4）狱外歹徒结伙冲劫，袭击监狱或监狱人民警察的；

（5）追捕逃犯遇到抗拒时；

（6）法律法规规定可以使用警棍的其他情形。

2. 手铐或脚镣的使用范围。监狱人民警察在执勤中，遇到下列情形之一的，可以使用手铐或脚镣：

（1）罪犯有可能行凶、脱逃、自杀、自伤等危险行为的；

（2）罪犯有破坏劳动场所设施和国家财物行为的；

（3）罪犯正在押解途中的；

（4）罪犯有其他危险行为需要采取防范措施的。

对罪犯不得同时使用手铐、脚镣（死刑待批或等待执行死刑的罪犯除外）。

3. 警绳的使用范围。监狱人民警察在执勤中，遇到下列情形之一的，可以使用警绳约束罪犯行为：

（1）监狱人民警察在抓获逃跑罪犯时；

（2）罪犯正在押解途中的；

（3）法律法规规定可以使用警绳其他情形的。

（二）使用警械具的审批

1. 使用警械具应当事先填写《申请使用警械具审批表》，报监区主管领导审批后方可使用。

2. 紧急情况下可以先使用，但事后必须及时补办有关手续。

（三）使用警械具的注意事项

1. 使用警械具应当以制止罪犯违法犯罪行为为限度，当罪犯违法犯罪行为得以制止时应当立即停止使用警械具，使用警械具应当尽量避免对罪犯造成伤害。

2. 使用警械具后应当做好记录，保存相关证据。使用警械具后应当认真填写《使用警械具登记表》，详细填写使用理由、使用结果等栏目，并有见证人签字。《使用警械具登记表》应上报狱政科事后认定备案。

（四）警械具的管理

1. 警械具应落实专人专柜（或专库）保管。

2. 对警械具应当及时保养和维护，确保警械具性能良好和正常使用。

（五）违反规定使用警械具的责任追究

1. 责任追究的范围。

（1）违反规定，滥用警械具的；

（2）人为损坏或丢失警械具的；

（3）将警械具转借他人的；

（4）非执行公务私自携带警械具到社会公共场所造成恶劣影响的；

（5）有其他违反规定使用警械具行为的。

2. 责任的追究。

（1）对违反规定使用警械具的应当追究责任并视情节给予相应的纪律处分。

（2）因违反规定使用警械具而造成人身伤害或死亡后果的，移送司法机关追究刑事责任。

第二节 使用戒具审批表

一、《使用戒具审批表》的概念

该文书是监狱对具有法定加戴戒具情形的罪犯，依照一定的程序，给予使用戒具的审批文书。

二、《使用戒具审批表》填写说明

1. 使用戒具，一般情况下由所在分监区填写使用戒具审批表，经监区主管领导、主管科室领导签注意见，报监狱主管领导批准后执行。但遇到紧急情况，确有必要即时采取羁束性措施来消除危险的，可以先加戴戒具，再补办审批手续。

对罪犯使用戒具必须履行审批，是现代法治精神对监狱执法活动的基本要求。严格审批程序，既可以有效防范监管事故的发生，震慑狱内少数罪犯的抗改行为，维护监管改造场所秩序的稳定，又可以防止出现少数民警在对罪犯违规行为处理中滥用戒具的违法现象，确保刑罚的正确执行。

2. 制作该文书时应当注意以下几点：

（1）申请依据。使用戒具的法律依据是我国《监狱法》第45条第1款，援引法条时要针对具体的情形明确到项。如一名罪犯因有脱逃行为被申请使用戒具，就符合该条款第1项之情形。法律依据可以这样表述："根据《中华人民共和国监狱法》第45条第1款规定，该犯具有本条款第1项之情形，提请对其使用戒具。"

（2）申请期限。该栏目由分监区负责填写，提出使用戒具的名称和期限。戒具包括手铐和脚镣，在意见中应明确使用何种戒具。使用戒具的期限包括天数及起止时间，法律对使用戒具的期限只作了原则规定，即情形消失后，应当停止使用戒具。所以，使用戒具的期限应当根据不同的适用情形慎重确定。

（3）审批意见。各级领导根据各自的职能签署意见，领导的批示意见应当具体明确。

（4）罪犯戴戒具期间的表现。着重记录情形消失的事实，为解除戒具提出事实依据，由执行分监区领导负责填写。

（5）解除戒具情况。将实际解除戒具的时间填入程式意见的空格，由执行分监区领导和监狱领导共同签名。各级领导应当在意见栏签名，注明职务、年月日，以示对意见内容负责。

三、《使用戒具审批表》样表

使用戒具审批表

单位：六监区三分监区　　　　　　　　　　　　　　　　编号：201305

姓名	杜某某	性别	男		出生日期		1979 年 7 月 17 日
罪名	贩卖毒品罪	刑种	原：无期徒刑 现：有期徒刑	刑期	15 年 （余刑 3 年）	健康状况	良好
申请依据							

申请依据	2013 年 9 月 15 日傍晚，罪犯杜某某与同组罪犯石某某在洗漱间洗澡时因用水问题相互发生争吵，当时，石某某打了杜某某一拳。事后，杜某某越想越窝囊，发誓要报复回来。9 月 16 日上午出工后约 8 时许，杜某某从工场找来一根木棍，直奔石某某劳动的岗位，从背后抡起木棍向毫无知觉的石某某的头上挥去，石某某应声倒地，头部顿时起包出血。杜某某意欲继续连击，木棍被周围其他罪犯夺下。 综上所述，杜某某的暴力报复行为严重扰乱了正常的监管改造秩序，事发后情绪仍然十分激动，扬言要揍死石某某，暴力倾向明显。根据《中华人民共和国监狱法》第 45 条第 1 款规定，该犯具有本条款第 2 项使用戒具之情形。
申请期限	经分监区民警会议讨论，该犯暴力倾向明显，提请对其戴铐 3 天，自 2013 年 9 月 16 日起至 2013 年 9 月 18 日止。 （签字） 二〇一三年九月十六日
监区意见	情况属实，同意戴铐 3 天。 （签字） 二〇一三年九月十六日
主管科室意见	经审核，同意戴铐 3 天，自 2013 年 9 月 16 日起至 2013 年 9 月 18 日止。 （签字） 二〇一三年九月十六日
监狱意见	同意戴铐 3 天，自 2013 年 9 月 16 日起至 2013 年 9 月 18 日止。 （签章） 二〇一三年九月十六日

续表

罪犯戴戒具期间的表现	戴戒具期间，该犯经过冷静反思及民警的谈话教育，能够认识暴力行为的危害性，意识到在监内报复行凶是一种严重扰乱监管改造秩序的行为，分监区当时对其采取加戴手铐的强制措施是完全必要的，表示今后要认真吸取教训，遵守监规纪律。已基本消除暴力危险性，可以解除戒具。 （签字） 二〇一三年九月十八日
解除戒具情况	对罪犯杜某某已于 2013 年 9 月 18 日解除戒具。 批准人：×× 二〇一三年九月十八日　　　　　　　　　　　执行人：×× 　　　　　　　　　　　　　　　　　二〇一三年九月十八日

实训项目

罪犯张某，男，1975 年 5 月 1 日出生，犯盗窃罪，2012 年 5 月被判处有期徒刑 3 年，送某省某监狱六监区三分监区服刑，健康状况良好。2014 年 10 月 2 日上午 9 时，张某以罪犯李某欺负老乡为由，对李某进行殴打，致使李某左眼眉骨缝合一针。民警处理张某违纪时，张某仍要对李某进行殴打。鉴于张某存在行凶危险，分监区根据《中华人民共和国监狱法》第 45 条第 2 款规定，建议对张某加戴戒具，制止其行凶报复行为。

根据以上材料制作《使用戒具审批表》。

实训提示

1. 鉴于《使用戒具审批表》中有"罪犯戴戒具期间的表现"和"解除戒具情况"两个栏目，建议该文书的名称可以改为"使用戒具情况报告表"，这样表的名称也就涵盖了表的所有栏目内容。

2. 鉴于《使用戒具审批表》中的"申请依据"和"申请期限"都属于监狱分监区的意见，建议将二者合并为一个栏目即："申请依据和期限"，在叙述完使用戒具的事实依据和法律依据之后，可做如下表述："××年××月××日，经分监区民警会议集体讨论，提请对该犯使用××戒具，期限自××年××月××日起至××年××月××日止"。

第八章　狱内耳目使用管理类执法文书

本章导读

　　狱内耳目是监狱内部建立的秘密侦查力量，由监狱从符合条件的罪犯中物色建立和掌握使用。在监管改造工作中，发挥耳目的作用对稳定监管改造秩序，防范和打击狱内又犯罪的行为具有十分重要的作用。本章狱内耳目使用管理类执法文书主要包括《建立耳目审批表》和《撤销耳目报告表》。在建立耳目方面，目前我国监狱存在的问题：一是耳目的物色与使用范围小，远远不够司法部规定的按罪犯的 3% ~ 5%，且专案耳目使用更少；二是耳目的作用未能充分发挥，例如近年来的脱逃案件所反映出的问题。在撤销耳目方面，对于因某些因素不适宜或者不愿意担任耳目的罪犯，必须果断撤销，确保耳目的质量。但应履行必要的手续，以严肃和规范耳目的管理工作。

 第一节　狱内耳目使用管理工作规程

一、适用范围及法律依据

　　狱内耳目是监狱从在押罪犯中建立和使用的秘密力量，是在监狱人民警察的直接管理下搜集、掌握罪犯思想动态和重新犯罪线索、获取犯罪证据、侦查破案的手段之一。做好狱内耳目的培养与建设工作，对于及时侦破狱内案件，确保监狱安全稳定具有十分重要的作用。

　　司法部颁布的《狱内侦查工作规定》对狱内耳目的建设作出了具体规定。监狱人民警察应当按照有关规定，认真做好狱内耳目使用管理工作。

二、耳目使用管理工作规程示意图

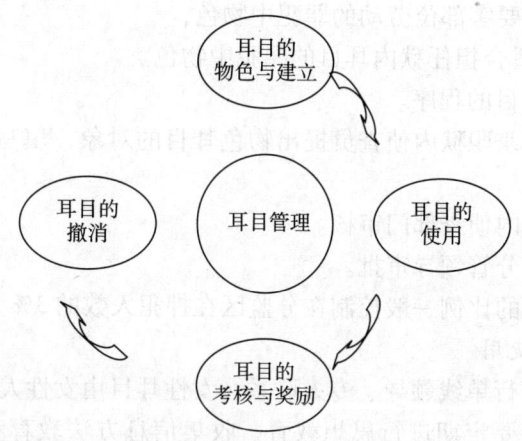

三、耳目使用管理工作规程操作要点

（一）耳目的物色与建立

1. 狱内耳目的种类。

（1）专案耳目。其主要任务是以具体案件或具体又犯罪嫌疑人为侦查对象，侦破已发生或正在预谋的犯罪案件。

（2）控制耳目。主要任务是隐蔽在罪犯群体中，收集罪犯思想动态，监视控制危险分子，监视控制生产区重点部位，发现隐患，提供线索。

2. 狱内耳目的基本条件。

（1）能发现敌情或者能够接近侦查对象；

（2）有一定的活动能力和观察识别能力；

（3）基本认罪，愿为我所用；

（4）能保守秘密。

3. 物色耳目的途径。

（1）通过查阅罪犯档案、个别谈话、日常考核等方法对罪犯进行排摸物色；

（2）从有主动赎罪愿望和要求的罪犯中物色；

（3）从秘密向我方报告检举揭发情况的罪犯中物色；

（4）从在押罪犯的各个层次、特别是落后层次的罪犯中物色；

（5）从各种重要案犯或危险分子周围的罪犯中物色；

（6）从进行狱内又犯罪的自首分子中物色；

（7）从曾经在社会上做过安保、治安耳目的罪犯中物色；

（8）从其他监狱调入的曾经担任过狱内耳目的罪犯中物色；

（9）从在重点要害部位劳动的罪犯中物色；

（10）从其他适合担任狱内耳目的罪犯中物色。

4. 建立狱内耳目的程序。

（1）由分监区兼职狱内侦查员提出物色耳目的对象，填写《狱内耳目建立、使用审批表》。

（2）报监狱狱内侦查部门审核。

（3）报请监狱分管领导审批。

（4）构建耳目的比例一般控制在分监区在押犯人数的 3%~5% 。

（二）耳目的使用

1. 狱内耳目实行单线领导、专人联系，女性耳目由女性人民警察领导使用。

2. 对监狱耳目要定期进行思想教育、收集信息方法教育和保密教育。适时布置收集信息的任务，提出具体要求，教授收集的方法。

3. 做好耳目保密工作，不得随意暴露耳目身份。

4. 对狱内耳目应逐人建立专档。档案内容包括：

（1）建立、撤销耳目审批表；

（2）耳目使用考核记录；

（3）耳目反映情况的处理结果；

（4）耳目完成任务的成绩、过失记载；

（5）对耳目的奖惩决定等。

（三）耳目的考核

1. 对耳目的考核可采用基本分加实绩分的方法。基本分是耳目认罪服法、遵守监规、参加学习和劳动的得分，实绩分按当月提供信息情况价值的大小而浮动。

2. 对耳目的实绩考核由专管警察提出意见，报监狱狱内侦查部门审核。

（四）对耳目的奖惩

1. 根据耳目提供信息价值的大小，分别给予表扬、物质奖励、记功等行政奖励或减刑、假释的刑事奖励。

2. 对违反耳目纪律和特定任务要求造成一定后果的，根据情节轻重，分别给予警告、记过等行政处分，触犯法律的，依法追究刑事责任。

3. 对耳目的行政奖惩，由分管警察提出建议，监狱狱内侦查部门审核，监狱分管领导批准；对耳目的刑事奖惩分别按相关程序执行。

4. 对耳目的考核与奖惩一律秘密个别进行。

（五）耳目的撤销

1. 对长期不起作用或违反耳目纪律不适合再担任耳目的应当及时撤销。

2. 狱内耳目的撤销由专管警察填写《撤销狱内耳目审批表》，报监狱狱内侦查部门审核，监狱分管领导批准。

第二节 建立耳目审批表

一、《建立耳目审批表》概念

该文书是监狱根据狱内侦查工作的任务和要求，按照一定的工作程序，将符合条件的罪犯物建为耳目的审批文书。

二、《建立耳目审批表》填写说明

狱内耳目审批表在填写时要注意以下几点：

1. 表头。包括监区名称及编号。监区名称，是指填写报请物建耳目监区的名称。编号，指监狱该年度耳目审批表的顺序号，由审批部门统一编号、填写。

2. 代号。为不暴露耳目的真实身份，便于管理和使用，狱内耳目一律使用代号。为统一管理，代号一般由审批部门统一设定、填写。代号可以用字母 Z 或 K 加三位数构成，Z 表示专案耳目，K 表示控制耳目。三位数依次代表监区编号、分监区编号和耳目个人编号。如，K415，表示为四监区一分监区第 5 号控制耳目。

3. 改造表现。该栏目要求客观反映罪犯的改造情况。需要说明的是，改造表现不应作为选择耳目的先决条件，耳目的任务是接近侦查对象，搜集情况，如果物色改造表现非常好的罪犯担任耳目，一般很难接近侦查对象，也就不能完成工作任务。有些案件、任务，专门要物色改造表现相对较差的罪犯做耳目，才能实现秘密侦查的效果。当然，那些仇视社会主义制度和人民民主专政的罪犯不适宜做耳目。耳目的基本条件是本人有愿望，能保守秘密，具备一定的活动能力。

4. 活动能力。围绕耳目工作的要求和任务，客观反映罪犯相应的能力、素质、特殊的生活经历，表明该犯有适宜做耳目的条件。

5. 使用范围。根据工作任务的不同，一般将耳目分为专案耳目和控制耳目。专案耳目针对特定的案件和对象，案件告破，耳目的使命完成；控制耳目不针对特定的案件和对象，其主要任务是随时搜集各种犯情。填写时，可根据具体的工作任务表述为："建议作为××案专案耳目"或"建议作为分监区（监区、监狱）控制耳目"。

6. 物建人意见。建立耳目通常需要有一个物色、考察、培养、报批的过程。物建人意见应包含：考察、培养的情况，适宜发展为耳目的理由，以及建议作何种耳目的意见。物建人对物建意见要签名、注明日期。

7. 审核意见。耳目工作由狱内侦查科直接管理，该意见由狱内侦查科领导签署。意见应明确是否同意为耳目，以及耳目的使用范围（或性质），可程式化的表述为："经审查，同意该犯为分监区（监区、监狱）控制耳目"，或"经审查，同意该犯为××案专案耳目"。签字领导应签名，注明职务、日期。

三、《建立耳目审批表》注意事项

1. 耳目管理实行单线联系，因此耳目由分监区狱侦民警物色并上报审批，无需经过民警会议讨论，以及分监区、监区层级审批。

2. 没有经监狱领导批示同意为耳目之前，不能将物建对象直接作为耳目使用。

3. 该表审批后归入耳目工作专档，妥善保管。

四、《建立耳目审批表》样表

建立耳目审批表

监区：四监区   编号：2013055

代号	K415	姓名	李某	别名	阿炳	性别	男	民族	汉族
出生日期	1987年6月6日	文化程度		高中	罪名		交通肇事罪		
刑种	有期徒刑	刑期	原：7年 现：6年		刑期起止		自2009年5月6日起 至2015年5月5日止		
原工作单位 原职务	××省××市××运输有限公司驾驶员								
家庭住址	××市××区柳荫小区一村3栋305室								
参加过何种党派、团体及所任职务	初中时曾加入共青团组织，任班团支部副书记								
简历	1994年9月~1997年7月在××市××区星星小学读小学　　学生 1997年9月~2000年7月在××市××区书香中学读初中　　学生 2000年9月~2003年7月在××市××区鑫达中学读高中　　学生 2003年7月~2009年5月在××市××运输有限公司　　驾驶员 2009年5月~2009年10月因交通肇事被刑事拘留至判决　　犯罪嫌疑人 2009年10月至今在××省××监狱服刑　　罪犯								

续表

主要罪行	2009 年 4 月 25 日晚 22 时许,该犯驾驶车辆在送达货物的返回途中,因酒后驾驶又超速行车,在杭徽公路 K108 公里处,将同方向行驶的一辆摩托车撞飞,当场致 1 人死亡、1 人重伤。肇事后,李犯驾车逃逸。5 月 6 日在逃往外地的途中被抓获。
家庭成员及主要社会关系	父亲:李×,56 岁,××市××贸易有限公司员工。 母亲:卢×,54 岁,××市××大厦员工。
改造表现	能承认犯罪事实,服从法院判决。"三课"学习成绩较好,劳动积极肯干。平时行为比较散漫,个人内务卫生较差,遵守监规纪律不够严格。 改造表现一般。
奖惩情况	2011 年 12 月因"三课"成绩突出,受到监狱单项表扬 1 次; 2012 年 7 月因有悔改表现,受到减刑 1 年。
活动能力	从小生活在城市,见多识广,接受事物快,头脑反应灵敏,自我保护能力强;文化程度较高,理解能力较强,能较好地领会民警的意图;性格直率,朋友义气较重,人际交往能力强,适宜隐蔽;兴趣爱好比较广泛,接触面较广,容易接近侦查对象。
使用范围	建议作为分监区控制耳目。
物建人意见	通过对该犯近 1 年的考察培养,该犯的性格、能力具备担任耳目的条件,而且本人有担任耳目的愿望和积极性,虽然改造表现一般,但容易接近侦查对象。 根据狱内侦查工作的任务,建议该犯作分监区控制耳目使用。 <div align="right">物建人:×× 二○一三年九月十日</div>
科室意见	经审查,同意该犯为分监区控制耳目。 <div align="right">(签字) 二○一三年九月十八日</div>
监狱意见	同意该犯为分监区控制耳目。 <div align="right">(签章) 二○一三年九月十九日</div>
备注	

第三节　撤销耳目报告表

一、《撤销耳目报告表》的概念

该文书是对不再具备耳目条件的罪犯，由掌握使用人提出撤销建议，经监狱审批同意撤销耳目的表格式文书。

二、《撤销耳目报告表》填写说明

1. 监狱对耳目实行动态管理，在实践中，一些耳目因各种因素，会发生不适宜或者不愿意担任耳目的情况，对这些耳目必须果断撤销。撤销耳目应当履行必要的手续，目的是为了严肃和规范耳目管理工作，确保耳目的质量，保证耳目工作健康正常的开展。

2. 撤销耳目的理由。该栏目应具体说明撤销耳目的事实依据。如果发现耳目有违反耳目工作纪律，或长期不发挥作用，或耳目身份暴露，或刑期将满等不再适宜担任耳目情况的，应当及时撤销。在说明事实的基础上，提出撤销建议。掌握使用人应签名、注明日期。

3. 领导意见。耳目工作的特殊性，决定撤销耳目最有发言权的是掌握使用人，掌握使用人认为耳目不再符合条件，有权随时提出撤销意见，并向监狱领导报告。一般情况下，监狱领导都会作出同意意见。签字领导应签名，注明职务、日期。

三、《撤销耳目报告表》注意事项

1. 撤销耳目后应做好相应的善后工作，避免发生对狱侦工作及耳目罪犯不利的情形。有条件的，可适当调整他们的改造环境。

2. 掌握使用人在作出撤销耳目决定的同时，应立即停止对该耳目布置工作，撤销决定的生效无需等待监狱领导的批复。

3. 经监狱领导签署意见后，将该文书一同归入耳目专档，以备查。

四、《撤销耳目报告表》样表

撤销耳目报告表

监区：五监区　　　　　　　　　　　　　　　　　　　编号：2012078

姓名	李某	代号	K415	性别	男	出生日期	1987年6月6日
罪名	交通肇事罪	刑期	原：7年 现：6年			建立耳目 时间	2013年9月19日

续表

撤销耳目理由	该犯在刚担任耳目的 1 年内，尚能努力工作，经常提供一些有价值的材料。今年下半年以来，随着余刑的减少，其对耳目工作表现消极，连续 3 个月没有提供任何材料。据反映，该犯平时经常流露不愿再反映情况，安安稳稳服满余刑的念头。（该犯刑满日期为2015年5月5日。） 鉴于上述事实，该犯对耳目工作既没有愿望又没有行动，已丧失担任耳目的基本条件，建议撤销。 掌握使用人：×× 二○一四年十二月十八日
监狱意见	同意撤销耳目。 （签字） 二○一四年十二月十八日
备注	

 实训项目

罪犯牟某某基本情况：男，汉族，1975 年 5 月 1 日出生，基本简历如下：

1982 年 9 月~1988 年 7 月在市中区建设乡建设村小学读书；

1988 年 9 月~1994 年 7 月在市中区建设乡中学读书；

1994 年 7 月至捕前在市中区建设乡建设村务农。

家庭成员：父，牟某某，66 岁，市中区建设乡建设村一组务农；母，黄某某，64 岁，市中区建设乡建设村一组务农。

2012 年 3 月间，牟犯在济南市市中区建设乡政府采取翻窗入室等手段，盗窃作案 2 起，盗得物资折合人民币 1500 元。2012 年 6 月 9 日，该犯在市中区建设乡建设村三组抢劫作案一起，抢得现金 100 元。2012 年 12 月被法院判决犯盗窃罪、抢劫罪，判处有期徒刑 3 年，刑期自 2012 年 8 月 11 日起至 2015 年 8 月 10 日止，2013 年 1 月进监狱服刑，捕前系济南市市中区建设乡建设村村主任，家住济南市市中区建设乡建设村一组。

牟犯自入监以来，能认罪服法，接受改造。且爱好文体活动，能言善辩，在罪犯中有一定威信，能接触大多数罪犯，应变能力较强，有一定的组织能力。山东省某监狱四监区一分监区狱侦民警吴某某，经对罪犯牟某某一年的考察培养，认为该犯性格、能力具备担任耳目的条件，而且该犯有担任耳目的愿望和积极性，虽然改造表现一般，但容易接近侦查对象。按照物建耳目的审批程序，吴某某将牟某某确立为分监区控制耳目，提请监狱批准。

根据以上材料制作《建立耳目审批表》。

⚠ 实训提示

1. 耳目工作的特殊性决定了在耳目的物建、使用、考核、奖惩及撤销过程中，专管干警拥有很大的权力，这一方面为耳目的管理使用提供了方便，但另一方面也容易滋生监狱内部的腐败。在《建立耳目审批表》和《撤销耳目报告表中》，狱政科室及监狱的审核意见栏基本上形同虚设，并没有起到相应的监督功能，耳目的质量难以得到保证，相关文书的使用与制作也失去了其应有的意义。建议：在实际执法过程中，承担监狱耳目管理工作的相关干警及部门应认真对待手中的权力，严格按照法律要求，切实履行好各自的职责。

2. 耳目的使用在某种程度上对于监狱的安全稳定及狱内案件的侦破起到了重要的作用。监狱在要求耳目履行各种义务的同时更应注意其有关权利的保障，例如：不得随意暴露耳目的身份，撤销耳目后应做好相应的善后工作。

第九章 狱内犯罪案件查处类执法文书

本章导读

《刑事诉讼法》规定，"罪犯在监狱内犯罪的案件，由监狱进行侦查"，"……监狱办理刑事案件，适用本法的有关规定"。表明狱内犯罪案件与狱外犯罪案件的侦查存在着某些差别，但案件发生之后一般都要经历立案、侦查、预审、破案或结案这样几个阶段，而每一环节都有相应法律文书的使用与制作。具体包括：《狱内案件立案表》、《现场勘查笔录》、《讯问笔录》、《询问笔录》、《狱内案件结（销）案表》和《监狱起诉意见书》。其中立案表、结（销）案表、起诉意见书的制作需具备一定的法律条件，以保障犯罪嫌疑人的权利。《现场勘查笔录》相对于《讯问（询问）笔录》其制作主体必须具备相应的专业性知识，文书的语言表述上也有所不同。

第一节 狱内犯罪案件查处工作规程

一、适用范围及法律依据

狱内犯罪案件的侦查，是监狱对罪犯又犯罪行为采用秘密手段、技术手段和其他必要措施，收集证据，依法进行的狱内预审工作。做好狱内犯罪案件的查处对及时打击狱内犯罪活动，确保监狱的安全稳定具有十分重要的作用。

《中华人民共和国刑法》、《中华人民共和国刑事诉讼法》、《中华人民共和国监狱法》以及司法部《狱内侦查工作规定》、《狱内刑事案件立案标准》为监狱查处狱内犯罪案件提供了法律、法规依据。监狱人民警察应当按照有关规定认真做好狱内犯罪案件的查处工作。

二、狱内犯罪案件查处工作规程示意图

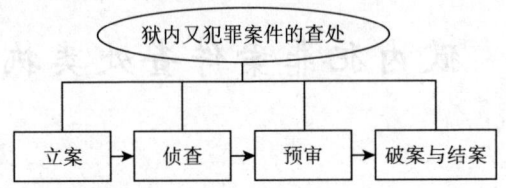

三、狱内犯罪案件查处工作规程操作要点

（一）立案

1. 监狱狱内侦查部门发现或接到报案、控告、举报、自首等案件线索后，应当迅速进行调查。符合下列条件的应予立案：

（1）有狱内犯罪事实；

（2）需要追究刑事责任；

（3）符合司法部《狱内刑事案件立案标准》的。

2. 对案情进行初步分析，对照立案标准，拟定为一般案件、重大案件或特别重大案件。

3. 填写《狱内案件立案表》。一般案件的立案报监狱主管监狱长批准；重大案件的立案报省、自治区、直辖市监狱管理局分管领导批准；特别重大案件的立案报司法部监狱管理局备案。

（二）侦查

1. 案件侦查的组织。

（1）狱内发生的各类案件由监狱负责侦破。一般案件由监狱侦查部门负责组织人员侦查破案；重大案件由监狱分管领导亲自主持，组织专门班子进行侦查破案。

（2）特别重大案件和涉及两个以上监狱的重大案件，由省、自治区、直辖市监狱管理局负责指导和协调侦破。

（3）涉外案件和跨省、自治区、直辖市的案件，由司法部监狱管理局负责指导和协调侦破。

2. 现场勘查取证。运用刑事科学技术手段和调查访问等方法，对狱内发生的犯罪现场、物品、人身、尸体以及犯罪留有的其他痕迹、物证等进行实地勘验和现场访问取证。

3. 分析判断案情，初步确定侦查方向。

4. 制订侦查计划并报上级批准。侦查计划包括以下主要内容：

（1）侦查线索来源；

（2）侦查对象的基本情况；

（3）立案的根据和初步查证情况；

（4）对案件的初步分析判断；

（5）侦查的任务、措施、步骤和方法；

（6）侦查力量的组织、分工及配合；

（7）稳定狱内秩序的措施。

5. 具体实施侦查的主要措施有：

（1）摸底排队；

（2）调查询问；

（3）守候监视；

（4）辨认；

（5）控制销赃；

（6）搜查扣押；

（7）侦查实验；

（8）隔离审查；

（9）其他侦查措施。

（三）预审

1. 对犯罪嫌疑人进行隔离审查，在禁闭室单独关押。

（1）对案犯单独关押期限一般不超过 2 个月。

（2）案情复杂、期限届满仍不能终结的重大疑难案件，可以经省、自治区、直辖市监狱管理局批准延长 1 个月。

（3）批准延长后仍不能届时结案的，应采取其他措施，以避免久侦不破，禁止以押代侦。

2. 对预审的要求。

（1）提审犯罪嫌疑人应由 2 名以上负责案件侦查的警察进行。每次提审时，提审人员须出示监狱狱内侦查部门签发的《提讯证》，并与禁闭室管理警察办理签名登记手续。

（2）审讯时应讲究策略和方法，严禁刑讯逼供。

（3）审讯时应做好笔录，重大和特大案件的审讯应进行录音和录像。

（四）破案与结案

1. 破案的标准。

（1）案件的侦查已经基本完成；

（2）主要案情和主要犯罪事实已经查清；

（3）取得了揭露和证实犯罪嫌疑人犯罪的确凿证据。

2. 结案。

（1）对侦查终结并应依法追究刑事责任的狱内案件，狱内侦查部门填写《结案报告表》，按立案审批权限，分别报监狱和省（自治区、直辖市）监狱管理局有关领导批准。特大案件的结案应报司法部监狱管理局备案。

（2）对侦查结束并应依法追究刑事责任的案件，狱内侦查部门应当及时制作《起诉意见书》，报监狱主管领导批准后，连同案卷材料、证据、罪犯档案等一并移交监狱所在地人民检察院审查起诉。

（3）对已经立案侦查的狱内案件，经过侦查后，确认不应追究刑事责任的，狱内侦查部门填写《销案登记表》，经监狱主管领导批准后正式销案。

第二节　狱内案件立案表

一、《狱内案件立案表》的概念

该文书是指狱内发生犯罪案件，经监狱侦查部门审查，认为确有犯罪事实，应予追究刑事责任，报请上级领导批准立案侦查的审批文书。

二、《狱内案件立案表》填写说明

1. 案件性质。指案件中犯罪行为的表现形态，即案由。要注意的是，立案侦查阶段只能填写"某某案"，而不能填写"某某罪"。

2. 立案根据。程式化的表述为："经初步审查，罪犯×××实施了××的犯罪行为，涉嫌××犯罪，符合××案的狱内立案标准"或"经初步审查，确有××犯罪事实，行为人涉嫌××犯罪，符合××案的狱内立案标准"。

3. 启动该文书必须是发现有犯罪事实或者发现犯罪嫌疑人，而且该案件属于监狱管辖的范围。罪犯一般的违纪违规行为，或者非服刑人员在监狱实施的犯罪行为，都不适用狱内立案。

三、《狱内案件立案表》样表

狱内案件立案表

单位：济南监狱　　　　　　　　　　　　　　　　　　　　编号：8

案件类别	一般案件	发案时间	2014 年 3 月 5 日 9 时
案件性质	故意伤害	发案地点	三监区劳动现场

续表

案发经过和危害情况	2014 年 3 月 5 日 9 时许，罪犯陈×因劳动分工在劳动现场与罪犯李××发生口角，遭受了李犯的殴打，10 时，陈犯感到不适，经监狱医院初诊为脾脏破裂，被送往济南市中心医院，于 2014 年 3 月 5 日 14 时 20 分进行脾脏切除术，经法医鉴定陈犯的伤害程度已达到重伤标准。
立案根据	罪犯李××无视监规，故意伤害他犯，触犯了《中华人民共和国刑法》第 234 条之规定，涉嫌故意伤害，为查清犯罪事实，根据《中华人民共和国监狱法》第 60 条、司法部《狱内刑事案件立案标准》第 2 条第 11 项之规定，建议以故意伤害案立案。
现场勘查情况记述	①案发现场未留下明显打斗痕迹。②对案发现场和陈犯被切除的脾脏进行了拍照。
侦查计划及措施	①案发后，将李犯禁闭。②成立以李×、王×、张×为成员的侦破小组，负责侦破此案。③寻找案发现场目击证人，询问陈犯，了解案情，提取证据。④提审李犯，获取案犯口供。⑤本案力争在 7 日内查清。
主管科室意见	经审查，该案故意伤害的犯罪事实成立，同意以故意伤害案立案。 （签字） 二〇一四年三月六日
监狱意见	同意以故意伤害案立案。 （签章） 二〇一四年三月六日

填表人：××　　　　　　　　　　　　填表日期：二〇一四年三月六日

第三节　现场勘查笔录

一、《现场勘查笔录》的概念

该文书是案件发生以后，侦查人员对案发现场与案件有关的场所、物品、人身、尸体等进行现场勘验或者检查，对他们所处的位置、特征、痕迹、状态等情况用文字进行客观记述的文书。

二、《现场勘查笔录》填写说明

我国《刑事诉讼法》第 131 条规定："勘验、检查的情况应当写成笔录，由参加勘验、检查的人和见证人签名或者盖章。"该法第 48 条将查证属实的勘验、检查笔录列为八种法定证据之一。上述法条确立了现场勘验、检查笔录的重要地位和作用。

案件发生以后，侦查人员接到报案应迅速赶赴案发现场，运用多种技术手段，对犯罪现场进行实地勘验，对被害人的状况、犯罪嫌疑人的状况进行检查，以固定犯罪场景和证据，这个过程称为现场勘查记录。现场勘查记录的手段包括现场勘查笔录、现场照相、现场录像、现场绘图等。其中，现场勘查笔录在现场勘查记录中处于主干地位，它对其他固定手段起到补充说明、融合一体、相互印证的作用。

现场勘查笔录是对案发现场勘查情况的文字记载，它反映勘查活动的整个过程、记载并固定勘查结果，是我国刑事诉讼的证据之一，是侦查机关分析案情、判明案件性质、决定立案、查明案件的重要依据。

现场勘查笔录目前尚未有统一的文书格式，但其结构相对固定，由首部、正文和尾部三部分组成。

1. 首部由标题和前言组成。

（1）标题。现场勘查笔录的标题，可以有多种表述方式。一是由犯罪嫌疑人姓名、案件性质及文种组成。如"罪犯张××涉嫌故意伤害罪现场勘查笔录"。这种表述方式适用于犯罪嫌疑人已经明确的案件。二是由被害人姓名、案件性质及文种组成。如"林××被强奸案现场勘查笔录"。这种表达方式适用于犯罪嫌疑人没有被发现的案件。三是由发案时间（地点）、案件性质及文种组成。如"2.18（配电室）爆炸案现场勘查笔录"。这种表达方式适用于犯罪嫌疑人没有被发现，或者没有被害人的案件。

（2）前言。前言用于说明发案（报案）情况及与现场勘查有关的人员、时间、自然条件等情况，它不属于现场勘查情况的记述，但与现场勘查有关联。前言的内容没有统一的规定，视案件的具体情况而定。通常，前言的内容包括这些要素：发案或者报案情况，现场保护情况，现场勘查人员情况，现场勘查的见证人情况，现场勘查的时间、自然条件等。

2. 正文。该部分是对案发现场勘查情况的客观记述，是现场勘查笔录的主干。侦查人员借助一定的技术手段、测量工具，对案发现场的地点、位置和周围环境，与案件有关物品所处的位置、状态，能够证明有罪或无罪的证据等用文字进行记录。在具体记录时要注意以下几点：

（1）记述顺序与勘查顺序一致。按照现场勘查的顺序、路线，边勘查、边记录。

（2）准确记述现场的周围环境。在写清案发现场的方位、朝向的基础上，要同时表明与接壤景物之间的位置。表述周围景物要按一定的顺序排列，一般以北向为起点，按顺时针的方向依次记述。

（3）准确记述中心现场。中心现场的记述是现场勘查笔录的重点内容，要把案发现场的格局、面积、构造和配置等情况记述清楚。

现场勘查常用的方法有：由内向外、从外向内、分片分段。在实际勘查中，可以视案件情况选用合适的勘查方法。

3. 尾部。尾部包括两个内容，一是记载现场勘查的相关情况，如提取的痕迹、物品，对现场进行拍照、录像的情况，绘制的案发现场草图等，在附录中说明；二是对笔录履行核对手续，使其产生法律效力。现场勘查的有关人员，如勘验、检查人、见证人、记录人都应当在笔录中签名，以示对笔录内容负责。

三、《现场勘查笔录》注意事项

根据我国《刑事诉讼法》的有关规定，勘验、检查应当注意以下几点：

1. 侦查人员对于与犯罪有关的场所、物品、人身、尸体应当进行勘验或者检查。在必要的时候，可以指派或者聘任具有专门知识的人，在侦查人员的主持下进行勘验、检查。

2. 任何单位和个人，都有义务保护犯罪现场，并且立即通知侦查机关派员勘验。

3. 侦查人员执行勘验、检查，必须持有侦查机关的证明文件。

4. 对于死因不明的尸体，侦查机关有权决定解剖，并且通知死者家属到场。

5. 为了确定被害人、犯罪嫌疑人的某些特征、伤害情况或者生理状态，可以对人身进行检查。犯罪嫌疑人如果拒绝检查，侦查人员认为必要的时候，可以强制检查。检查妇女的身体，应当由女工作人员或者医师进行。

四、《现场勘查笔录》样表

××省××监狱
罪犯张××故意伤害案现场勘查笔录

2013年8月18日23时15分左右，狱内侦查科科长江某某接到监管室当班民警的报告，三监区一分监区发生一起罪犯行凶报复案。23时20分左右，科长江某某带领副科长梁某、侦查员顾某某迅速赶到案发现场。

经初步了解，10分钟前罪犯张××为泄愤报复，用自制的小刀向正在熟睡中的罪犯王某的头部、面部猛戳3刀，王某已被送往监狱医院医治，张××已被押送禁闭室隔离，现场被先前到达的该分监区民警用警戒带隔离保护。

参加现场勘查的人员：

现场勘查指挥人：姓名　江某某　职务　狱侦科科长

现场勘查人：姓名　梁某　职务　狱侦科副科长

记录员：姓名　顾某某　职务　狱侦科科员

现场勘查见证人：姓名　张某某　职务　三监区监区长

姓名　李某某　职务　三监区一分监区分监区长

现场勘查时间：自2013年8月18日23时30分开始至19日凌晨1时25分结束。

气温、光线条件：室内气温30.5℃，借助300W灯光照明。

经现场勘查，案发现场位于监狱罪犯生活区三号楼205室，该监室呈长方形，长10米，宽3.5米，面积35平方米。监室坐南朝北，南面是窗，北面是门，东西两边靠墙各横着摆放5张上下铺，中间是过道。被害人王五的床位于西面南端第一张床位的下铺。在王五的被子、枕巾、枕头均可见许多血迹（已采集样本）。靠近王五床边的地上，横着一把用锉刀改制的尖头小刀，小刀长10厘米、宽2.5厘米，刀刃部分长4厘米，后半部门为刀柄。刀刃上留有血迹（已采集样本），刀柄上留有3枚指纹（已提取）。以刀子的中心为轴心，刀子的方位为：离南墙直线距离0.54米，离西墙直线距离1.33米。过道中间散落一双拖鞋，经辨认，是罪犯张××行凶后跑脱的。以鞋子的中心为轴心，左脚的鞋子离北墙直线距离3.52米，离西墙垂直距离1.49米；右脚的鞋子离南墙直线距离4.28米，离东墙直线距离1.40米。从散落拖鞋的位置到张××的床位边，清晰可见2对赤足脚印（已提取），方向由南向北。罪犯张××的床位于东面北端第一张床位的上铺，张××的被子、床毯上留有血迹，在其床毯上同时提取1枚锯条刀片，刀片上有少量血迹（已采集样本）。

现场勘查指挥人签名：江某某

现场勘察人签名：梁某　顾某某

记录员签名：顾某某

现场见证人签名：张某某　李某某

二〇一三年八月十八日

附：1. 现场拍照23张，现场绘图2张；

2. 提取装硫酸的饮料瓶1只，罪犯张××作案时跑脱的拖鞋1双，自制锯条刀片1个；

3. 提取指纹5枚，赤足脚印4个，采集血样本2个。

第四节 讯问笔录

一、《讯问笔录》的概念

该文书是侦查人员就案件情况审讯犯罪嫌疑人时，对审讯情况及犯罪嫌疑人的供述或辩解所作的现场文字记录。

二、《讯问笔录》填写说明

讯问犯罪嫌疑人是查明案件的重要手段。讯问笔录是查清犯罪事实的重要证据材料，可以印证、复核已掌握的犯罪事实和证据，也可以发现未掌握的犯罪事实；讯问笔录记载了讯问人的提问和犯罪嫌疑人有罪的供述和无罪的辩解，有助于侦查人员全面分析、判断案情，对犯罪嫌疑人有罪或无罪予以甄别；讯问笔录反映犯罪嫌疑人的认罪态度，是检察机关提起从严或从宽处理意见的重要依据；讯问笔录作为侦查、预审案卷的组成部分，随起诉意见书一并提交人民检察院审查，是人民法院审理案件的重要书面材料；讯问笔录对侦查人员的办案活动予以客观记载，可以促使侦查人员严格依法办案。

讯问笔录目前尚未有统一的文书格式，但其结构相对固定，由首部、正文和尾部三部分组成。

1. 首部。首部的基本要素已相对固定，用来说明与审讯有关的情况，包括标题，讯问时间，讯问地点，讯问人的基本情况，犯罪嫌疑人的基本情况等。

（1）标题有两种表示方式：一种是直接表明文书的主旨与文种，如，"讯问笔录（第×次）"。这种表示方式通用性较好，比较简洁；另一种表示方式，反映监狱案件的特征，由监狱名称、涉案罪犯姓名、案由及文种组成，分两行书写，监狱名称单独一行，如：

××省××监狱

对罪犯张××故意伤害案的讯问笔录（第 1 次）

这种表示方式直接表明狱内案件、涉案罪犯及案件类型，比较适宜监狱侦查审讯使用。

（2）讯问时间要详细填写审讯日的年月日，及审讯开始的时分、结束的时分。讯问时间的完整记载，可以反映审讯活动是否在法定时间内进行，是否存在违法审讯的情况。

（3）讯问地点指讯问的具体场所，填写要具体明确。

（4）办案人员的基本情况包括姓名、职务。根据审讯要求，讯问犯罪嫌疑人应当是 2 人以上，而且，要有明确的分工，有讯问人和记录员。有多个讯问人员的情况下，要明确主讯问人。参加审讯的人员应当是具体经办该案的侦查人员，与案件无关的人员，或者与本案有利害关系的人员，都不允许接触案件。

（5）被讯问人的基本情况，作为狱内案件被讯问人基本情况的要素有：姓名、性别、民族、出生日期、文化程度、原判罪名、原判刑种、原判刑期、服刑单位、刑种（刑期）变动情况等。了解这些要素，对审讯过程及其分析、判断案情是有参考作用的，可以在审讯前查阅记载，在审讯中作为提问印证。同一案件在首次讯问时，应完整记载这些要素，以后的讯问中可以只填写姓名，其他内容可以省略。

2. 正文。正文记载讯问的整个过程和具体内容，是讯问笔录的主干。我国《刑事诉讼法》第 118 条第 1 款规定："侦查人员在讯问犯罪嫌疑人的时候，应当首先询问犯罪嫌疑人是否有犯罪行为，让他陈述有罪的情节或者无罪的辩解，然后向他提出问题。犯罪嫌疑人对侦查人员的提问，应当如实回答。但是对与本案无关的问题，有拒绝回答的权利。"法律对讯问的方式、内容和要求作了明确规定，事实上也框定了讯问笔录的程序、内容。正文记录的事项有：核对被讯问人的基本情况，告知被讯问人的权利和义务，讯问人提问，被讯问人有罪的供述或无罪的辩解，以及讯问中发生的其他特殊事项等。

被讯问人有罪的供述或无罪的辩解，是讯问笔录的重点内容，有罪供述的内容主要有：实施犯罪的时间、地点、动机、目的、原因、情节、手段和结果等。对这些内容要详细、准确地记录，尽可能保持被讯问人自己的语言特点和陈述风格，做到原话原意，带有原汁原味。被讯问人对某个问题无法肯定时，应按其口气记录无法肯定的理由。对杂乱无章的陈述，在不失原意的情况下可以作一定的概括和归纳。被讯问人不作回答的问题，不能凭主观臆想，更不允许用掌握的案件情况去暗示或诱供被讯问人。记录要忠实于事实和真相，不得裁剪、拼接供述或辩解的内容。

无罪辩解的内容主要有：辩解的理由、提供的证人证言情况。对被讯问人的抵赖、狡辩或者伪供，也应当如实记录，作为今后认罪态度的重要依据。

讯问笔录要同时反映被讯问人的行为特征，讯问中被讯问人的行为表现往往是内心世界的真实表露，对侦查人员判断案情，区别真伪，分析心理状态是有帮助的。如在回答关键问题时，被讯问人的目光、停顿时间、语速、语调、身体姿态、情绪表现等，都应予以记录。

3. 尾部。尾部的内容主要是履行核对讯问笔录的法律手续，有被讯问人核对意见、签名、捺指印，讯问人、记录人签名，签署日期等。我国《刑事诉讼法》第 120 条规定："讯问笔录应当交犯罪嫌疑人核对，对于没有阅读能力的，应当向他宣读。如果记载有遗漏或者差错，犯罪嫌疑人可以提出补充或者更正。犯罪嫌疑人承认笔录没有错误后，应当签名或者盖章。侦查人员也应当在笔录上签名。犯罪嫌疑人请求自行书写供状的，应当准许。必要的时候，侦查人员可以要求犯罪嫌疑人亲笔书写供词。"讯问结束后要求被讯问人对讯问笔录进行核对，是审讯工作必须履行的法定程序，否则，讯问笔录就没有证据力。讯问笔录经被讯问人核对，认为没有遗漏或差错，记录内容符合自己的真实意思，应当在每页讯问笔录下方的空白处签名、捺指印，并在笔录末页正文内容的最后一行下方写上"以上笔录我看过（或向我宣读过），与我讲的相符"的字句，签名、捺指印。如对笔录内容有修改、补充，或者有涂改的，应在修改、补充、涂改处捺指印。如果被审讯人拒绝核对，或者拒绝签名的，应当在笔录上注明"被讯问人拒绝核对、签名"。捺指印一律用右手食指全指印。最后由讯问人、记录人分别在笔录上签名，注明日期。

三、《讯问笔录》注意事项

讯问前，侦查人员应事先拟定讯问方案，列出讯问要点、对策，掌握审讯的主动权；讯问笔录采用问答的方式，严格做到审记分开。作为归档材料，记录要使用钢笔，禁止有铅笔或圆珠笔；记录人在制作笔录时，要与讯问人相互配合。一般情况下，讯问人要尽量照顾记录员的记录速度。但当记录与讯问发生冲突时，必须服从讯问。因为有时为突破被讯问人的思想防线，需要"连珠炮"式的发问，记录不能干扰讯问；讯问笔录只适用于对犯罪嫌疑人的审讯。对严重违反监规，但不够立案标准的罪犯进行审查时，不适用讯问笔录。

四、《讯问笔录》样表

××省××监狱
对罪犯张××故意伤害案的讯问笔录（第 1 次）

讯问时间：2013 年 8 月 19 日自 8 时 10 分至 10 时 30 分

讯问地点：监狱严管分监区审讯室

承办人：姓名 梁某 职务 狱内侦查科科长 、本次审讯讯问人

姓名 顾某某 职务 狱内侦查科科员 、本次审讯记录员

被讯问人：姓名 张×× 性别 男 民族 汉族 出生日期 1977 年 6 月 6 日 籍贯 ××省云台市 文化程度 初中 家庭住址 云台市××县锦龙乡龙江村二组 原判情况 因犯抢劫罪，被判处有期徒刑 15 年，2009 年 5 月 15 日到监狱服刑，现在三监区一分监区服刑。刑期（刑种）变动情况 曾因悔改表

现被减刑 1 年，刑期截止日期 2022 年 9 月 10 日

问：你叫什么名字？

答：张××。

问：出生日期？

答：1977 年 6 月 6 日

问：你是哪里人？

答：云台市××县锦龙乡人。

问：你服刑是犯什么罪？被判处何刑罚？

答：抢劫罪，判有期徒刑 15 年。

问：现在哪个监区、分监区服刑？

答：三监区一分监区。

问：根据《中华人民共和国刑事诉讼法》的有关规定，我们依法对你涉嫌故意伤害罪进行审讯，对我们的提问，你应当如实回答。但与本案无关的问题，你有权拒绝回答。听清楚没有？

答：听清楚了。

问：昨天晚上你有没有实施用自制刀具向同监舍罪犯王五行凶的行为？

答：有的。

问：你把当时行凶的过程简单地讲一下。

答：大约半夜里，具体时间我也不清楚，我起来小便后，回到床上怎么也睡不着，听到王五的打鼾声，心里更是烦躁。我早已恨死他了，一直等待机会实施报复。于是，我便从床上跃起，从物品架上取出早已藏匿的自制小刀，爬下上铺直奔王犯的床位，朝着王犯的头部、面部猛戳几刀。听到王五的惨叫声，我感到恐惧，扔下刀子逃回自己的床位。

问：你能记得戳了几刀？

答：记不清了，反正不止一刀。

问：你清楚你伤害他人行为的后果吗？

答：（沉默片刻）我知道我在犯罪，知道犯罪的后果，所以，报复行为实施完毕后，我也不想活了，就用锯条刀片割腕自杀。后来，被罪犯张三发现夺下。

问：你为什么这么恨王五，要采用伤害的手段去报复他？

答：其实我们两人以前关系是不错的，甚至到了无话不说的地步。两人关系恶化的起因是年初我私藏的 300 元现金被警官查缴，我推测是他出卖了我，因为私藏现金的事，我记忆中只有与他透露过。我是很讲义气的，对出卖朋友的人，我就得让他付出代价。

问：你所谓让他付出代价的含义是什么？

答：我不想让他死，我只是想出一口气，给他留下一个痛苦的记忆，我想到用刀子教训他。

问：你准备用刀子对其报复的动机始于什么时候？

答：今年6月初。

问：什么时候偷制刀具的？

答：6月6日中班期间。

问：这个时间你怎么记得这么清楚？

答：那天是星期六，刚好又是我36岁的生日，"六六顺"，成事的把握大一点。

问：刀子是用什么材料做的？

答：一把旧锉刀，在砂轮上磨出了刀尖和刃口。

问：在磨刀时没有人看见？

答：没有。有人进来了，我就换磨劳动零件。

问：刀子是怎么带进监舍的？

答：放在鞋子里面带进去的。

问：行凶前，刀子藏在哪里？

答：放在靠近我床位的行李架上。

问：报复后，你为什么要自杀？

答：我知道服刑期间重新犯罪是要受到严厉处罚的，在磨制小刀的同时，我对自己的归宿也作了准备，磨制了一个锯条刀片放在身边，打算被隔离审查时割腕自杀。

问：但那天你是当场割腕的，为什么？

答：听到王五的哭叫声，我脑袋一片空白，我知道罪孽深重，我感到害怕，我想早点解脱自己，所以，顺手摸出了刀片。

问：你割腕用的刀片是怎么来的？

答：也是在砂轮上用一根旧锯条片在磨的，然后，用伤湿止痛膏把它粘贴在衣领里面。

问：你现在对自己的行为后悔吗？

答：怎么说呢，我认为是他先作出了对不起我的行为。其实，我落到今天重新犯罪，我也是牺牲品。

问：今天我们的提审到这里。你把审讯记录看一遍，核对一下记录的内容是否有出入，或者需要补充的。如果认为没有出入，或者没有补充的，在下面写上

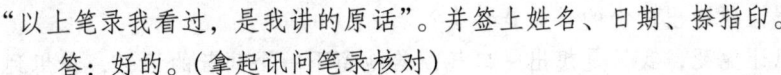

"以上笔录我看过，是我讲的原话"。并签上姓名、日期、捺指印。

答：好的。（拿起讯问笔录核对）

以上笔录我看过，是我讲的原话。

张××（指印）
二〇一三年八月十九日

讯问人签名：梁某
记录人签名：顾某某
二〇一三年八月十九日

第五节　询问笔录

一、《询问笔录》的概念

该文书是侦查人员为查明案件事实，向被害人或者知情人调查与案件有关情况时所作的现场文字记录。

二、《询问笔录》填写说明

1. 询问笔录可以为侦查人员查明案情、揭露犯罪提供重要的依据；经查证属实的询问笔录，是被害人陈述、证人证言的重要组成部分；可以对证据之间的真伪起到相互印证作用；记录并反映办案人员的办案活动、办案质量，促使侦查人员严格规范办案。

2. 询问笔录与讯问笔录的文书格式、制作要求、作用基本相同，具体的制作要求可以参见讯问笔录节，在此不再赘述。现将两个文书的区别及制作《询问笔录》的注意事项说明如下：

（1）讯问笔录与询问笔录的区别。两个文书在刑事诉讼中都是研究、分析案情、获取罪证、查清案件的重要书面材料，都具有法定的证据作用。但两者的主要区别是：一是适用的对象不同。前者只适用犯罪嫌疑人，后者适用犯罪嫌疑人以外的其他知道案件情况的人，包括被害人、证人；二是记录内容不同。前者是犯罪嫌疑人有罪的供述或者无罪的辩解，后者是被害人、证人对案情情况的陈述。

（2）制作《询问笔录》的注意事项。根据我国《刑事诉讼法》的有关规定，询问证人或者被害人，应当注意以下几点：①侦查人员询问证人或者被害人，可以到他的所在单位或者住所进行，但是必须出示侦查机关的证明文件。在必要的时候，也可以通知他到侦查机关提供证言或陈述。②询问证人应当个别进行。③询问证人或被害人，应当告知他应当如实提供证据、证言和有意作伪证或者隐匿罪证要负的法律责任。④询问不满18岁的证人或被害人，可以通知其法定代理人到场。

三、《询问笔录》样表

××省××监狱

询问笔录

询问时间：<u>2013</u> 年<u>8</u> 月<u>19</u> 日自<u>14</u> 时<u>10</u> 分至<u>15</u> 时<u>30</u> 分

询问地点：<u>监狱三监区一分监区警务室</u>

承办人：姓名 <u>梁某</u> 职务 <u>狱内侦查科科长（询问人）</u>

姓名 <u>顾某某</u> 职务 <u>狱内侦查科科员（记录员）</u>

被询问人：姓名 <u>张三</u> 性别 <u>男</u> 民族 <u>汉族</u> 出生日期 <u>1984 年 2 月 6 日</u> 籍贯 <u>××省东宁县</u> 文化程度 <u>高中</u> 职务（职业） <u>服刑罪犯</u> 单位 <u>××监狱三监区一分监区</u> 住址 <u>监狱三号监舍楼 205 室</u>

问：你叫什么名字？

答：张三。

问：服刑单位是什么？

答：三监区一分监区。

问：住几号楼几室？

答：三号监舍楼 205 室。

问：你与张××同住 205 室吗？

答：是的，我的床位在张××的下铺。

问：你了解 8 月 18 日晚上发生在你监舍张××故意伤害案的情况吗？

答：听到王五的惨叫声后，我是第一个起床，并一块对张××采取控制措施。

问：好的，我们今天向你调查"8·18"案件的有关情况。根据《中华人民共和国刑事诉讼法》的有关规定，你有义务如实提供证据、证言，如果有意作伪证或隐匿罪证，将承担法律责任。听清楚了吗？

答：听清楚了，我一定如实回答我知道的情况。

问：你把当时看到的情况讲一下。

答：我是在睡梦中被惨叫声惊醒的，我不知道发生了什么事，本能地从床上坐起。当时，只看到张××慌慌张张地赤足往上铺爬，惨叫声是从西南角王五的床位传来的，我迅速起床向王五奔去，只见他双手捂住头部和脸部哭叫着，不时有血从其头部和脸部留出，我顿时明白发生了行凶伤害行为。我一边让罪犯刘金财赶快向监管室民警汇报，一边迅速地折回去控制张××。

问：当时大约是几点钟？

答：时间我不清楚，事后听护监罪犯说，大约11点10分左右。

问：你去控制张××时，他在干什么？

答：他坐在自己的床位上，右手胡乱地在左腕内侧划动，左腕上有血渗出，我用力扳住他的右手，看到一枚刮胡刀片从他的手中滑落。我大声问他："张××，你要干什么？"

问：他怎么回答？

答：他说："这是他（指王五）的报应。"

问：后来怎么样？

答：后来，他一直没有再说一句话，也没有什么反抗行为，是我和刘金财把他从床铺上拖下来，并控制起来。大约5分钟后，监管室民警就把他带走了。

问：你在现场还发现哪些情况？

答：在王五床边的地上有一把自制的尖头小刀，王五的被子、枕巾、枕头有许多血迹，过道上有一双拖鞋，后来知道是张××行凶后跑脱的。

问：平时，张××与王五的关系怎样？

答：原来两人的关系一直是很好的，今年以来，两人的关系开始疏远。我曾听张××讲过，好像说王五不够朋友，具体什么事我不清楚。

问：你有没有听到过张××扬言要对王五进行报复的话？

答：没有听到。不过，张××这个人心眼特别小，谁要是有什么事冒犯了他，他不会轻易罢休，始终要占上风。

问：你能举个事例吗？

答：大概今年5月份，他嫌小组罪犯齐某分菜不匀，与齐某发生争执，齐某说你公平以后你来分菜，张××恼羞成怒，把菜盆连菜带汁一道扣在齐某的头上。

问：今天我们的调查到这里。你把询问记录看一遍，核对一下记录的内容是否有出入，或者需要补充的。如果认为没有出入，或者没有补充的，在下面写上"以上笔录我看过，是我讲的原话"。并签上姓名、日期、捺指印。

答：好的。（拿起询问笔录核对）

以上笔录我看过，是我讲的原话。
张三（指印）
二〇一三年八月十九日

询问人签名：梁某
记录人签名：顾某某
二〇一三年八月十九日

 第六节 狱内案件结（销）案表

一、《狱内案件结（销）案表》的概念

狱内案件结案表，是指监狱侦查部门对立案的案件，经侦查查清全案，认为犯罪事实清楚，证据确凿、充分，应当追究犯罪嫌疑人的刑事责任，报请监狱领导批准终结侦查的审批文书。

狱内案件销案表，是指监狱侦查部门对立案的案件，发现有法定不追究刑事责任的情形，或者经侦查否定原来立案根据的，报请监狱领导批准撤销案件的审批文书。

二、《狱内案件结（销）案表》填写说明

狱内案件结（销）案表一表两用，如制作的是结案表，将"销"字划去；如制作的是销案表，则将"结"字划去。在填写时要注意以下几点：

1. 表头。填写监狱的名称，与《狱内案件立案表》的单位一致。

2. 立案时间。以立案表中领导批准立案的时间为立案时间。

3. 案件类别、案件性质。侦查过程中案件类别、性质没有变化的，填写立案表中确定的案件类别、性质；经侦查，案件类别、性质发生变化的，填写查明后的案件类别、性质。

三、《狱内案件结（销）案表》样表

狱内案件结（销）案表

单位：济南监狱

立案时间	2014 年 3 月 6 日	案件类别	一般案件	破案时间	2014 年 3 月 9 日
案件编号	8	案件性质	故意伤害		

续表

犯罪嫌疑人姓名	性别	年龄	民族	原判罪名	原判刑期
李××	男	30	汉族	盗窃罪、抢劫罪	3 年
侦查简况	我们于 2014 年 3 月 5 日立案侦查，将李犯关押审查。李犯交待了当时与陈犯在劳动现场的打斗情形。通过询问陈犯，获取了陈犯的供述。同时，对当时在劳动现场的罪犯逐一调查，罪犯王××、李×等证实李犯与陈犯的打斗过程和打斗后陈犯的活动情况。				
结（销）案根据和主要证据	李犯对伤害事实供认不讳，有陈犯的询问笔录和罪犯王××、李×等的证言材料，均能相互印证。李犯故意伤害的犯罪事实已查清，证据确凿、充分。				
处理意见	李犯犯罪事实已查清，证据确凿、充分。该犯行为触犯了《中华人民共和国刑法》第 234 条之规定，已涉嫌故意伤害，建议结案并依法移送人民检察院审查起诉。 （签字） 二〇一四年三月九日				
主管科室意见	经审查，李犯故意伤害一案犯罪事实清楚，证据确凿、充分，定性准确，侦查程序合法，同意结案。 （签字） 二〇一四年三月九日				
监狱意见	同意结案，写出起诉意见书，连同案卷材料、证据一并移送人民检察院处理。 （签章） 二〇一四年三月九日				

填表人：××   填表日期：二〇一四年三月九日

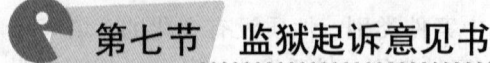

第七节　监狱起诉意见书

一、《监狱起诉意见书》的概念

该文书是监狱对狱内罪犯又犯罪的案件侦查终结后，认为已经触犯刑律，依法向人民检察院提出追究其刑事责任的执法文书。

二、《监狱起诉意见书》填写说明

1. 《监狱法》第 60 条规定："对罪犯在监狱内犯罪的案件，由监狱进行侦查。侦查终结后，写出起诉意见书或者免予起诉意见书，连同案卷材料、证据一并移送人民检察院。"上述法律规定表明，罪犯在服刑期间又犯罪，案件的侦查权由监狱行使；监狱对又犯罪案件的侦查，享有与公安机关同等的权力；监狱的起诉意见书与公安机关的起诉意见书有着同等的法律效力。

2. 监狱起诉意见书属填写式与拟制式相结合的文书，犯罪事实及起诉的事实理由采用拟制式制作方法。首部的填写已格式化，按要求填入相应内容即可。正文由犯罪事实、相关证据及法律依据三部分组成。

犯罪事实的叙写注意七大要素要完备，包括何时、何地、何人、何事、何方、何因、何果，该部分一般采用自然顺序法，以时间线索来展现案发过程。

相关证据的具体写法一般概括列举来写，在叙述完主要犯罪事实后，归纳认定犯罪事实的证据。例如："认定上述犯罪事实的证据如下：报案记录、被盗事主陈述、指纹鉴定、被盗物品的估价证明和犯罪嫌疑人高某某、王某的供述。"

法律依据中引用的《监狱法》和《刑事诉讼法》的条款是固定不变的。《刑法》的具体条款是变动的，但需注意引用的法律条文应与所写的犯罪事实相符合，并具体到"款"。

三、《监狱起诉意见书》样表

监狱起诉意见书
（2014）济监诉字第 1 号

罪犯李××，男，1984 年 3 月 1 日生，汉族，原户籍所在地济南市市中区派出所，因盗窃罪、抢劫罪经济南市市中区人民法院于 2012 年 6 月 10 日以（2012）市中刑初字第 300 号刑事判决书判处有期徒刑 3 年，附加无。于 2012 年 11 月 6 日交付执行，现押山东省济南监狱禁闭室。

现经侦查，罪犯李××在服刑期间涉嫌故意伤害罪，主要事实如下：

2014 年 3 月 5 日 9 时许，罪犯陈×因劳动分工在劳动现场与罪犯李××发生口角，李犯对陈犯胸、腰、头等部位进行了殴打，致陈犯倒地。10 时，陈犯感到不适，经监狱医院初诊为脾脏破裂，被送往济南市中心医院，于 2014 年 3 月 5 日 14 时 20 分进行脾脏切除术，经法医鉴定陈犯的伤害程度已达到重伤标准。经审查，李犯交代了当时与陈犯在劳动现场的打斗情形。通过询问陈犯，获取了陈犯的供述。同时，对当时在劳动现场的罪犯逐一调查，罪犯王××、李×等证实李犯与陈犯的打斗过程和打斗后陈犯的活动情况。李犯对伤害事实供认不讳，有陈犯的询问笔录和罪犯王××、李×等的证言材料，均能相互印证。李犯故意伤害的犯罪事实已查清，证据确凿、充分。

为此，根据《中华人民共和国监狱法》第<u>60</u>条、《中华人民共和国刑法》第<u>234</u>条、《中华人民共和国刑事诉讼法》<u>第 262 条第 1 款</u>特提请你院审查处理。

　　此致

济南市人民检察院

（公章）

二〇一四年三月十五日

　　附：罪犯<u>李××</u>档案材料共 <u>1</u> 卷 <u>1</u> 册。

　　罪犯<u>李××</u>涉嫌又犯罪卷宗材料共 <u>1</u> 卷 <u>1</u> 册。

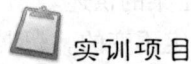 实训项目

　　1. ××省××监狱罪犯征某某，因私藏现金被分监区查处，便怀疑是同组罪犯甘某某汇报的，一直怀恨在心，伺机报复。2013 年 8 月 18 日 23 时 10 分，征犯用事先准备的一把自制小刀，向正在熟睡的甘某某的头部连戳 3 刀，造成甘某某头部、面部严重外伤。事发后，征犯企图用刀片割腕自杀，被周围的罪犯控制，后被闻讯赶来的民警带入禁闭室隔离。经狱侦部门侦查，罪犯征某某行凶报复行为已对他人的健康造成了伤害，涉嫌故意伤害罪，符合故意伤害案的狱内立案标准，遂决定立案侦查。

　　根据以上材料制作《狱内案件立案表》。

　　2. 以《狱内案件立案表》中的某省某监狱"8·18"罪犯征某某故意伤害案为例，假设：经侦查罪犯征某某故意伤害的行为对被害人只构成轻微伤，那么，该案件符合《中华人民共和国刑事诉讼法》第 15 条第 1 项"情节显著轻微，危害不大，不认为是犯罪"的情形，不追究刑事责任，侦查人员根据案情，报请撤销案件。

　　根据以上材料制作《狱内案件销案表》。

　　3. 2013 年 9 月 8 日浙江省某监狱发生一起罪犯脱逃案，案情如下：2013 年 9 月 8 日凌晨 5 时左右，罪犯耿某某在生产区趁晨班劳动时机，避开值班民警的视线，利用事先准备好的登高物体、绳索、乳胶手套，翻越监狱围墙脱逃。途中窃得一辆摩托车继续逃窜。9 月 8 日 18 时 10 分，耿某某在潜逃回家的途中，被监狱设卡追捕的民警抓获。罪犯耿某某的基本情况：男，1984 年 4 月 5 日出生，汉

族，原户籍所在地浙江省××市曙光区南苑街道星光社区，犯抢劫罪，于2011年9月10日被曙光区人民法院以（2011）曙法刑初字第52号刑事判决书判处有期徒刑15年，附加剥夺政治权利3年，2011年9月25日入监。经监狱立案侦查，耿某某的脱逃及盗窃案事实清楚，证据确凿、充分，本人对犯罪事实供认不讳，已经涉嫌脱逃罪、盗窃罪，监狱依法提起起诉意见书移送人民检察院处理。

根据以上材料制作《监狱起诉意见书》。

实训提示

1. 目前，狱内立案的主要依据是2001年司法部颁布实施的《狱内刑事案件立案标准》（司法部64号令），该部令具体规定了立案的情形和标准，并将狱内案件依据危害程度的不同，分为一般案件、重大案件和特别重大案件三类。一般案件的立案报监狱主管监狱长批准，适用普通的立案表。对于重大案件或特别重大案件，分别由省、自治区、直辖市监狱管理局或司法部监狱管理局批准立案，实行层级审批，适用专门的立案表。

2. 注意《狱内案件销案表》与《狱内案件结案表》"处理意见"一栏填写内容上的区别。前者一般表述为"……不予追究刑事责任，建议销案"，后者则表述为"……依法追究刑事责任，建议结案并移送审查起诉"。

3. 制作《监狱起诉意见书》必须具备的法定条件有：犯罪事实清楚，证据确实充分，依法应当追究刑事责任。犯罪事实的叙述方法除时间顺序法，在不同情况下还可以采用犯罪性质叙述法、综合归纳法和多种方法并用。证据的表述一般采取概括列举的方式，但更提倡对证据逐个进行详细分析，以体现证据的关联性、客观性、合法性特征。

第十章　罪犯刑满释放管理类执法文书

本章导读

　　近年来，刑释人员再犯罪率不断上升，其原因错综复杂，既有教育改造的不足，也有就业安置的欠缺等，监狱作为实践部门如何担当起自身的责任，尤其在刑满释放阶段，监狱一方面应加强对罪犯进行有效的出监教育，帮助他们进一步认清形势，了解社会，树立重返社会的自信心。另一方面在制作相关文书时，应全面如实地填写罪犯的改造评鉴，提供切实可行的帮教建议，并进行跟踪落实。罪犯刑满释放管理类执法文书主要有《罪犯出监鉴定表》、《刑满释放人员通知书》和《释放证明书》。《罪犯出监鉴定表》的"出监"不单指刑满释放也包括假释和暂予监外执行，《罪犯出监鉴定表》是地方司法行政机关了解出监人员改造情况的窗口，对其做好安置帮教、监督管理工作具有十分重要的意义。

 第一节 罪犯刑满释放管理工作规程

一、适用范围及法律依据

　　刑满释放，是指监狱对被判处有期徒刑以上的罪犯（包括原判无期徒刑和死刑缓期二年执行的罪犯）按期或减刑后执行刑期届满而解除监禁状态，恢复其人身自由的法律制度。

　　我国《监狱法》第35条规定："罪犯服刑期满，监狱应当按期释放并发给释放证明书。"监狱人民警察应当按照法律的规定认真做好罪犯的释放工作。

二、罪犯刑满释放管理工作规程示意图

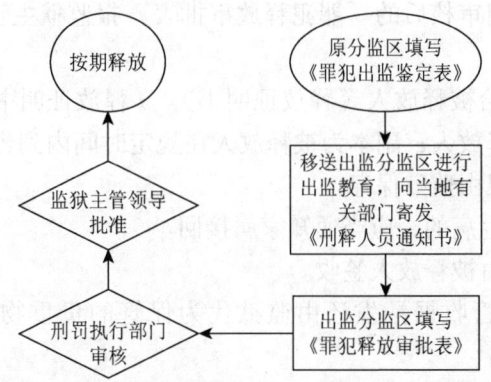

三、罪犯刑满释放工作规程操作要点

（一）分监区填写《罪犯出监鉴定表》

在罪犯刑满前 3 个月，罪犯所在分监区应制作《罪犯出监鉴定表》，整理好罪犯副档和个人财物，作好移送出监分监区进行出监教育的准备工作。

（二）移送出监分监区进行出监教育，向当地有关部门寄发《刑释人员通知书》

1. 按照狱政管理部门的调令，按时将罪犯移送出监分监区。

2. 向出监分监区移交罪犯副档、个人财物并介绍罪犯改造情况。

3. 开始进行出监教育，出监教育是监狱对即将服刑期满的罪犯，集中进行为期 3 个月的总结性、补课性和适应社会的专门教育。出监教育是监狱改造罪犯的最后一个工作环节，对预防和减少刑释人员回归社会后的重新犯罪具有十分重要的作用。

4. 在罪犯刑满前 1 个月，由狱政管理部门（或出监分监区）向罪犯居住地公安机关和司法行政机关寄发《刑满释放人员通知书》，使有关部门作好安置帮教的准备工作。

（三）出监分监区填写《罪犯释放审批表》，准确掌握释放时间

1. 严格按照人民法院执行通知书所确定的释放日期，于刑期届满之日释放。

2. 在刑罚执行期间刑期发生变动的，按人民法院最后一次判决书或裁定书所确定的执行期限，于刑期届满之日释放。

（四）刑罚执行部门审核

刑罚执行部门对出监分监区填写、监区初审上报的《罪犯释放审批表》进行审核，重点核查释放时间是否准确无误。

（五）监狱主管领导审批

经刑罚执行部门审核后的《罪犯释放审批表》报监狱主管领导批准。

（六）按期释放

1. 释放当日发给被释放人《释放证明书》。《释放证明书》分正本、副本和存根。正本发给被释放人；副本为被释放人在规定时间内到当地公安机关办理户口登记的凭证；存根由监狱保存。

2. 若被释放人生病的，应当通知家属接回。

3. 发给路费，由被释放人签收。

4. 凭《物品保管收据》发还由监狱代为保管的贵重物品，并由被释放人签收。

5. 对被释放人的人身和所带物品进行检查。检查应当由监狱人民警察进行，女性被释放人由女性监狱人民警察检查。并分别按照不同情况进行处理：

（1）检查出来的违禁物品予以没收。

（2）收回囚服。如果被释放人没有便服，监狱应当发给一套便服；没有被子的，经过监狱主管领导的批准可以带走一床棉被。

（3）收回公用的劳保物品，个人使用的劳保用品可以带走。

（4）在服刑期间，监狱发给或者个人购买的日常生活用品可以带走。

6. 办理出监登记手续。

（1）负责释放的警察将被释放人带至监狱大门，监狱门卫应当检验《释放证明书》。

（2）负责释放的警察在《罪犯出入监狱大门登记本》上办理登记手续后，将被释放人送出监狱大门。

第二节　罪犯出监鉴定表

一、《罪犯出监鉴定表》的概念

该文书是监狱对行将刑满释放、假释、暂予监外执行的罪犯在其出监时，对其改造表现进行全面鉴定和评估的文书。

二、《罪犯出监鉴定表》填写说明

1. 该文书属表格式文书。该文书一式三份，一份监狱留存，其余两份分别寄送罪犯原户籍所在地的县级公安机关和司法局。

2. 填表机关。应填写监狱的全称。

3. 刑期变动情况。应将服刑期间刑种或刑期变动的具体情况分别详细列明。

4. 出监原因。一般有三种情况：刑罚执行完毕，假释，暂予监外执行。按罪犯实际出监原因选择填入。

5. 有何技术特长。填写实际取得的职业资格证书，应分别注明资格证书的种类和级别。没有相应证书的，填"无"或用斜线划去。

6. 改造表现。罪犯服刑期间的改造表现可以分两个层次表述：第一层为评语，作出符合罪犯个性的改造表现评定，反映典型的好坏事例，用事实和数据说话；第二层对改造表现作出定性评价，一般可以分为"好"、"较好"、"一般"、"差"四个等次。定性评价要与前述的评语及相关栏目的奖惩情况保持一致，不能自相矛盾。

7. 服刑期间奖罚情况。包括罪犯在服刑期间所受到的行政奖惩和刑事奖惩，填写要全面。

8. 分监区意见。应根据罪犯在服刑期间的改造表现，写出结论性的意见，对释放后的努力方向或帮教重点作出评价和评估。评价要切合罪犯实际，分寸得当，语言中肯，文字准确。

三、《罪犯出监鉴定表》样表

罪犯出监鉴定表

姓　　　名　　李×

填表机关　　山东省××监狱

填表日期　　2013 年 5 月 15 日

姓名	李×	别名	无	性别	男	民族	汉族
出生日期	1975 年 4 月 14 日	健康状况			健康		
家庭住址	山东省××县××乡××村						
原户籍所在地	山东省××县××乡派出所						
罪名	抢劫罪	原判法院	××市中级人民法院	判决书号		(2004) ××中法刑初字第 1 号	

刑期	原判刑期	有期徒刑 13 年	附加刑	剥夺政治权利 3 年
	原判刑期起止	2003 年 5 月 16 日起 2016 年 5 月 15 日止	刑期变动情况	2007 年 3 月减刑 1 年; 2009 年 5 月减刑 9 个月; 2011 年 7 月减刑 1 年,附加剥夺政治权利期限改为 1 年。

出监原因	刑期执行完毕	文化程度	原有:小学	有何技术特长及等级	机修钳工 3 级
出监时间	2013 年 8 月 15 日		现有:初中		

主要犯罪事实	2003 年 5 月 16 日凌晨,李×潜入一家手机卖场盗窃,被值班人员发现扭住,为抗拒抓捕,该犯用随身携带的弹簧刀刺伤值班人员的手臂,后被闻声赶来的保安人员抓获。
家庭成员及主要社会关系	父亲:李××,山东省××县××乡××村农民(已病故) 母亲:刘××,山东省××县××乡××村农民
本人简历	1982 年 9 月~1988 年 7 月 山东省××县××乡××村小学读书 1988 年 7 月~1991 年 5 月 辍学在家 1991 年 5 月~1997 年 10 月 广东省深圳市打工 1997 年 10 月~1998 年 5 月 山东省××县××乡××村务农 1998 年 5 月~2003 年 5 月 山东省济南市打工 2003 年 5 月~2004 年 3 月 抢劫罪案发被刑拘至判决 2004 年 3 月~2013 年 8 月 山东省××监狱服刑
改造表现	服刑改造以来,能够认罪服判,服从管教,认识犯罪行为的社会危害性,查找犯罪根源,表示一定要深刻吸取犯罪教训,痛改前非,重新做人。能遵守监规纪律,改造期间没有发生重大违规。能认真参加"三课"学习,文化程度由入监时的小学,提高到目前的初中水平,并取得钳工 3 级专业资格证书。能积极参加劳动,完成劳动任务,多次被评为分监区"劳动标兵"。 改造表现评价:较好。
服刑期间奖罚情况	近 3 年获得年度监狱改造积极分子 1 次,年度记功 2 次。 无行政处罚。

续表

分监区意见	该犯经过服刑改造，思想及行为得到一定的矫治，文化水平得到提高，掌握了机修钳工技术，改造成果比较明显。但自控能力较弱，家庭经济困难，帮教条件较差。刑释后建议继续加强思想和法制教育，加强就业指导，妥善安置就业。 （签名） 二〇一三年五月二十日
监区意见	同意分监区意见。 （签名） 二〇一三年五月二十日
监狱意见	同意鉴定。 （公章） 二〇一三年六月一日
备　注	

第三节　刑满释放人员通知书

一、《刑满释放人员通知书》的概念

该文书是监狱把即将刑满罪犯的释放时间、改造表现评估、奖惩情况、帮教建议等信息告知当地公安机关及司法机关的执法文书。

二、《刑满释放人员通知书》填写说明

1. 制作前要认真整理汇总文书，填写项目涉及的材料和数据，保证各类数据的完整性和准确性。

2. 对罪犯改造表现的评估，应当由分监区民警会议共同确定，定性要准，要与文书中反映的奖惩情况吻合。

3. 文书中两个正本的内容略有不同，寄发司法局的这联还有一项特定内容，要求反映刑满释放人员掌握技术的情况，应根据罪犯实际获证的情况如实填写。

4. 文书有些项目是选择项，在填写时必须做出客观的选定，并将否决项打上细斜线。

三、《刑满释放人员通知书》样表

<table>
<tr><td>

刑满释放人员通知书

（存根）

鲁×狱释通字〔2013〕196号

姓名 李×

性别 男

出生日期 1975 年 4 月 14 日

原户籍所在地 山东省××县××乡派出所

罪名 抢劫罪

刑期起止日 自 2003 年 5 月 16 日至 2016 年 5 月 15 日

附加 剥夺政治权利 3 年

执行期间刑种、刑期变动情况：

2007 年 3 月减刑 1 年；

2009 年 5 月减刑 9 个月；

2011 年 7 月减刑 1 年，附加剥夺政治权利期限改为 1 年。共减刑 3 次 2 年 9 个月。

通知发往单位

山东省××县公安局

山东省××县司法局安置帮教办

通知发出时间

2013 年 7 月 15 日

填发人 ×××

（公章）

二〇一三年七月十五日

</td><td>

刑满释放人员通知书

鲁×狱释通字〔2013〕196号

山东省××县（市、区）公安局：

你县（市、区）××乡（镇、街道）李×于 2004 年 3 月 5 日因抢劫罪被××人民法院判处有期徒刑 13 年，于 2004 年 3 月 20 日起在我监服刑，将于 2013 年 8 月 15 日刑满释放。服刑期间，其表现为好。曾受过表扬 1 次，记功 2 次，评为改积分子 1 次，减刑 3 次 2 年 9 个月；警告 / 次，记过 / 次，禁闭 / 次，加刑 / 次 / 年 / 月。释放后，建议作为一般人员帮教。

请接此通知后，做好帮教工作准备。

鲁×狱释通字（贰零壹叁）壹佰玖拾陆 号

（公章）

二〇一三年七月十五日

</td><td>

刑满释放人员通知书

鲁×狱释通字〔2013〕196号

山东省××县（市、区）司法局安置帮教办：

你县（市、区）××乡（镇、街道）李×因犯抢劫罪于 2004 年 3 月 5 日被判处有期徒刑 13 年。于 2004 年 3 月 20 日起在我监服刑，将于 2013 年 8 月 15 日刑满释放。服刑期间，其表现为好。曾受过表扬 1 次，记功 2 次，评为改积分子 1 次，减刑 3 次 2 年 9 个月；警告 / 次，记过 / 次，禁闭 / 次，加刑 / 次 / 年 / 月。释放后，建议作为一般人员帮教。本人曾获得证书，掌握机修钳工 3 级技术。

请接此通知后，做好帮教工作准备。

鲁×狱释通字（贰零壹叁）壹佰玖拾陆 号

（公章）

二〇一三年七月十五日

</td></tr>
</table>

第四节　释放证明书

一、《释放证明书》的概念

该文书是监狱发给被释放人员证明其被依法解除刑罚，恢复人身自由和公民权利的执法文书。

二、《释放证明书》填写说明

1. 该文书既是罪犯释放出监时验证的重要法律文书，也是刑释人员回原籍办理户籍登记必需的证明文书。

2. 存根联中的执行期间刑种、刑期变动栏，应将罪犯在服刑期间的刑种、刑期变动情况分别表述。如果有加刑的，则应将加刑的时间和期限按上述要求填写清楚。

3. 存根联设有"被释放人"签名栏目，在释放当日发给其释放证明书时，应由被释放人在该栏目处签名，文盲的可代签，本人捺手印。

4. 存根联的填写日期应与正本、副本的落款日期相一致。

三、《释放证明书》样表

释放证明书

（存根）

鲁×狱释证字〔2013〕196 号

姓名 <u>李×</u>
性别 <u>男</u>　出生日期　<u>1975</u>
<u>年 4 月 14 日</u>
原户籍所在地　<u>山东省××</u>
<u>县××乡派出所</u>
原判法院　<u>山东省××县人</u>
<u>民法院</u>
罪名 <u>抢劫罪</u> 刑种 <u>有期徒刑</u>
原判刑期　<u>13</u>年 自<u>2003</u>年
<u>5</u>月<u>16</u>日起至<u>2016</u>年<u>5</u>月<u>15</u>
日止 <u>附加 剥夺政治权利 3 年</u>
执行期间刑种、刑期变动
情况：
<u>2007 年 3 月减刑 1 年；</u>
<u>2009 年 5 月减刑 9 个月；</u>
<u>2011 年 7 月减刑 1 年，附</u>
<u>加剥夺政治权利期限改为 1</u>
<u>年。共减刑 3 次 2 年 9</u>
<u>个月。</u>
释放理由 <u>执行期满</u>
释放后住址 <u>山东省××县</u>
<u>××乡××村</u>
填发人 <u>×××</u>
审核人 <u>×××</u>
填发日期 　<u>2013</u> 年 <u>8</u> 月
<u>15</u> 日

本释放证明书和副本已发
给我。
　　被释放人 <u>李×</u>（签名）
　　2013 年 8 月 15 日

（竖排）鲁×狱释证字（贰零壹叁）玖拾陆 号

释放证明书

鲁×狱释证字〔2013〕196 号

　　兹有<u>李×</u>，<u>男</u>，<u>1975</u> 年
<u>4</u> 月<u>14</u> 日生，原户籍所在地
<u>山东省××县××乡派出</u>
<u>所</u>，因<u>抢劫罪</u>于<u>2004</u> 年 3 月
<u>5</u> 日经人民法院判处<u>有期徒</u>
<u>刑 13 年，附加剥夺政治权</u>
<u>利 3 年</u>。服刑期间，减刑 <u>3</u>
次，减刑 <u>2</u> 年 <u>9</u> 个月，加刑
<u>/</u>次，加刑<u>/</u>年<u>/</u>月，实际执
行刑期<u>10</u> 年 <u>3</u> 个月，附加剥
夺政治权利期限改为 <u>1</u> 年。
现因 <u>执行期满</u> 予以释放。
　　特此证明。

（公章）
二〇一三年八月十五日

注：此页由被释放人保存。

（竖排）鲁×狱释证字（贰零壹叁）玖拾陆 号

释放证明书

鲁×狱释证字〔2013〕196 号

　　兹有<u>李×</u>，<u>男</u>，<u>1975</u> 年
<u>4</u> 月<u>14</u> 日生，原户籍所在地
<u>山东省××县××乡派出</u>
<u>所</u>，因<u>抢劫罪</u>于<u>2004</u> 年 3 月
<u>5</u> 日经人民法院判处<u>有期徒</u>
<u>刑 13 年，附加剥夺政治权</u>
<u>利 3 年</u>。服刑期间，减刑 <u>3</u>
次，减刑 <u>2</u> 年 <u>9</u> 个月，加刑
<u>/</u>次，加刑<u>/</u>年<u>/</u>月，实际执
行刑期<u>10</u> 年 <u>3</u> 个月，附加剥
夺政治权利期限改为 <u>1</u> 年。
现因 <u>执行期满</u> 予以释放。
　　特此证明。

（公章）
二〇一三年八月十五日

注意事项：
　　1. 持证人必须在<u>2013</u>
<u>年 8 月22</u> 日以前将本证明书
副本送达<u>山东省××县××</u>
<u>乡派出所</u>办理户口登记
手续。
　　2. 本证明书私自涂改无
效。

 实训项目

1. 罪犯周某某，男，1979 年 11 月 12 日出生，住浙江省××市星光区朝晖街道，2008 年 7 月 28 日因涉嫌诈骗罪，被星光区公安局拘留，后被星光区人民检察院提起公诉，2009 年 5 月 5 日星光区人民法院以诈骗罪判处周某某有期徒刑 8 年，刑期起止日期为 2008 年 7 月 28 日至 2016 年 7 月 27 日。2009 年 5 月 20 日送浙江省某监狱服刑。该犯在服刑期间：2010 年 10 月减刑 1 年 3 个月，2012 年 5 月减刑 1 年 6 个月，共减刑 2 次共计 2 年 9 个月，年度奖励情况为表扬 1 次、记功 1 次、改造积极分子 1 次，无行政、刑事处罚。经职业技术教育，掌握烹调技能。经评估，该犯改造表现较好，释放后建议作为一般人员帮教。历次减刑后该犯刑满释放日期为 2013 年 10 月 27 日，这一天监狱依法将周旭生释放。

根据以上材料制作《刑满释放人员通知书》和《释放证明书》。

2. 基本情况：罪犯彭某某，男，别名，彭老虎，汉族，文化程度高中，1975 年 6 月 14 日出生，住济南市市中区建设乡九峰村，犯盗窃罪、抢劫罪，被济南市市中区人民法院以（2011）市中刑初字第 12 号判决书判处有期徒刑 3 年，刑期起止日期为 2011 年 5 月 11 日起至 2014 年 5 月 10 日止。服刑期间发现其特长为会计。

主要犯罪事实：2011 年 4 月间，彭犯在济南市市中区建设乡政府采取翻窗入室等手段，盗窃作案 2 起，盗得物资折合人民币 1500 元。2011 年 5 月 9 日，该犯在济南市市中区建设乡建设村三组抢劫作案一起，抢得现金 100 元。

改造表现：彭犯自入监以来，能认罪服法，积极靠拢政府，接受改造，积极参加三课学习，但在改造中曾有 3 次违纪行为，受到警告处分 1 次。

主要家庭成员和社会关系：父，张某某，66 岁，市中区建设乡九峰村一组务农；母，黄某某，64 岁，市中区建设乡九峰村一组务农。

主要简历：1982 年 9 月～1988 年 7 月　在市中区建设乡九峰村小学读书；

1987 年 9 月～1993 年 7 月　在市中区建设乡中学读书；

1993 年 7 月～2011 年 5 月　在市中区建设乡九峰村务农

2011 年 5 月～2011 年 12 月　犯罪案发被刑拘至判决；

2011 年 12 月至今　　　　　山东省××监狱服刑。

分监区基本评价及刑释后建议：彭犯改造成果不够巩固，思想波动较大，自律意识差。但爱学习，有会计特长，适应能力较强。应对其合理安置，加强教育与管理。

根据以上材料制作《罪犯出监鉴定表》。

实训提示

1. 《监狱教育改造工作规定》第 59 条规定："监狱应当在罪犯刑满前 1 个月，将其在监狱服刑改造的评估意见、刑满释放的时间、本人职业技能特长和回归社会后的职业意向，以及对地方做好安置帮教工作的建议，填入《刑满释放人员通知书》，寄送服刑人员原户籍所在地的县级公安机关和司法行政机关。"明确要求《刑满释放人员通知书》应在罪犯刑满前的 1 个月寄发，文书的成文日期为制作日期，并加盖监狱公章。

2. 《监狱法》第 35 条规定："罪犯服刑期满，监狱应当按期释放并发给释放证明书。"第 36 条规定："罪犯释放后，公安机关凭释放证明书办理户籍登记。"明确要求《释放证明书》应于释放当日发给被释放人，文书分正本、副本和存根，存根联的填写日期应与正本、副本的落款日期相一致，都是刑满释放日。副本中注意事项一栏中还要填写释放人员到当地公安派出所办理户籍登记的时间，一般以释放人员回原籍居住地路途的远近而定，如果当天可以到达的，一般自释放之日起给予 7 天的时间，如果路途较远的，办理户籍的时间可适当延长。

3. 《罪犯出监鉴定表》中"分监区意见"一栏是文书的核心内容，但实际工作中，一些监狱人民警察常常轻视或不理解该栏目的作用，把该意见栏仅仅看作是出监审核，笼统地填上"刑期执行完毕，按期释放"或"依据法院裁定假释"或"经监狱局批准暂予监外执行"的意见，这是不正确的。《罪犯出监鉴定表》的主旨是鉴定，作用是为地方司法行政机关安置、帮教、监督出狱人员提供建议。因此，分监区意见必须有符合罪犯个体改造情况的评语，并有安置、帮教、监督方面的具体建议，否则，该文书也就不能有效地发挥其作用。

参考文献

1. 何华、陈志林、田伟明主编:《法律文书写作》,四川大学出版社 2005 年版。
2. 陈卫东、刘计划编著:《法律文书写作》,中国人民大学出版社 2013 年版。
3. 韩宏西、陈志林、刘世模主编:《司法应用写作实训教程》,四川大学出版社 2010 年版。
4. 周道鸾主编:《法律文学教程》,法律出版社 2007 年版。
5. 田伟明、韩红西主编:《监狱执法文书》,金城出版社 2003 年版。
6. 吴丙林、裴琅主编:《监狱文书制作原理与实务》,中国市场出版社 2012 年版。
7. 乔成杰主编:《监狱执法实务》,化学工业出版社 2012 年版。
8. 李保清:"论监狱执法文书的规范化",载《警官教育论坛》2008 年第 1 期。
9. 司法部监狱管理局:《监狱执法文书格式(试行)》,2001 年 7 月。

图书在版编目（ＣＩＰ）数据

监狱执法文书实用写作 / 杨学武，李文静编著. —北京：中国政法大学出版社，2015.9
（2023.7重印）

ISBN 978-7-5620-6289-9

Ⅰ．①监…　Ⅱ．①杨…　②李…　Ⅲ．①监狱-法律文书-写作-中国　Ⅳ．①D926.13

中国版本图书馆CIP数据核字(2015)第213253号

出　版　者	中国政法大学出版社
地　　　址	北京市海淀区西土城路 25 号
邮　　　箱	fadapress@163.com
网　　　址	http://www.cuplpress.com (网络实名：中国政法大学出版社)
电　　　话	010-58908435(第一编辑部) 58908334(邮购部)
承　　　印	固安华明印业有限公司
开　　　本	720mm×960mm　1/16
印　　　张	9.75
字　　　数	180 千字
版　　　次	2015 年 9 月第 1 版
印　　　次	2023 年 7 月第 4 次印刷
印　　　数	9001～11000 册
定　　　价	32.00 元